なぜこの工務店に熱烈ファンがつくのか？

地場工務店の最終勝ち残り戦略

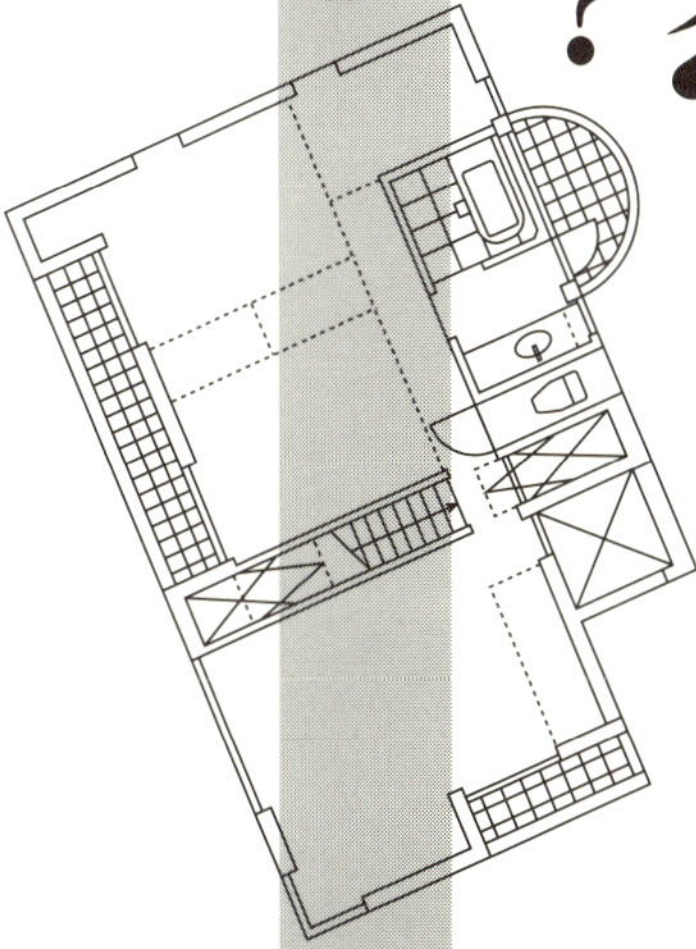

住宅コンサルタント・一級建築士
三上克俊＝著

アーク出版

はじめに――住宅会社の「違い」がわかる人になるために

住宅業界で長年仕事をしていますが、どうやらこの業界には二種類の人たちがいるようです。

一つは「ものづくり、家づくり」が本当に好きでプロとしての誇りと使命感を持って仕事をしている人たちです。こういう人たちとの仕事は楽しくやりがいもあり、私の進める改善も順調に推移していきます。

もう一つは自分を取り巻く状況から、たまたま仕事として、あるいは商売の手段として住宅を扱っている人たちです。この人たちとの仕事も原価管理のやり方やクレームの起こらない技術の整理のしかた、品質管理手法といったことなど、当初は順調に進むのですが、あるところまで進展してくると、そこから先がなかなかうまくいかなくなってしまいます。

根本的に目指しているものが違うために、どうにも埋めることのできない溝が見えてきてしまうのです。

企業ですから売上げや利益はもっとも重要なポイントですが、いい家づくりをして、それをお客様に理解していただく努力をし、結果として売上げや利益が伸びることと、儲けることを目的に、その手段としていい家づくりを「演出」することとは大きな違いがあります。

いい家づくりをして、結果として利益が増加するというのは決して難しいことではありません。事実、私がお手伝いをした工務店のなかにも、年商で35億円ほどの規模の地場工務店ですが、住宅の販売価格を上げることなく、品質やグレードの向上を図り、同時に利益率が大幅に改善して、年間3億円の利益増を果たした会社もあります。

コストダウンとは下請け業者や資材納入メーカーを脅すことではありません。チェックリストさえ作れば品質が良くなるわけではありません。プラン集と仕様表を作れば「商品」ができるわけではありません。断熱材を外側に貼れば「外断熱」なんて安易に考えていると、とんでもない欠陥住宅を作ってしまいます。

いろいろな勘違いがこの業界にはあるようです。

大手ハウスメーカーの商品開発担当を経て独立後、縁あって、いくつかの工務店のコンサルタントをさせていただきました。工務店の抱える問題はさまざまですから、それぞれの工務店の置かれた環境や事業の状況、技術力のレベルなどを充分に把握したうえで、緊急度の高い問題からそれぞれに見合った改善方法を提案し、社員が実務として取り組めるようにさまざまな仕組みづくりを進めてきました。

実際、いくつかの工務店のお手伝いをしていくなかで、特定の方法ではないものの、基本となる考え方や手法を状況に合わせてカスタマイズしていけば、有効な改善方法となることがわかってきました。

要するに「しくみで品質をつくる」「しくみで利益を生み出す」ということなのですが、本書はそれらの考え方や改善方法を実務レベルでまとめたものです。

本書の流れは、業界を取りまく大枠から具体的実務の展開がわかるように、市場→地場工務店の置かれている状況→商品→それを支えるコストと技術開発→業務のつながりとなっています。これは私が工務店のお手伝いをするときの仕事の流れでもあります。

＊　＊　＊

このように本書は基本的に住宅の作り手である工務店が、その経営方針を決めたり、業務の改善を進めることによって、高品質の住宅を安定的に供給し、かつ健全な経営を続けていくための具体的な方法を解説しています。

しかし、同時にそれは、これから家づくりを検討しようとされている方や、家づくりに関心をお持ちの方々にとっても、実際の家づくりの現場の実態を知り、本当に良質の住宅を造るということがどのようなことなのかを知る手掛かりになるはずです。

住宅は外観のカッコ良さや仕上げ材のグレードの差だけが「違い」ではありません。建築基準法があるのだから、基本的な性能や品質はどこの会社で建てても似たようなものと考えていたら大きな間違いです。

住宅は安ければ安いほど良いものではありません。作り手側である工務店には常にコストダウンのための努力は必要とされますが、方法を間違えれば耐震強度偽装事件と同じようなことが常に起こる危険性があるのです。

コストダウンにも正しいコストダウンと間違ったコストダウンがあります。

また、まじめに家づくりに取り組んでいる工務店であっても、必要な知識やノウハウが足りなければ、結果的に問題のある住宅を造ってしまうこともあるのです。

本書によってそうした作り手である住宅会社の「違い」がどこにあるのか、どういう視点で見ればそれらがわかるのかといったことが浮き彫りになるのではないかと思います。

「違い」のわかる施主、「違い」のわかる第三者が増えることによって、業界全体が健全になっていきます。

本書がそうした方向へ進む一助となれば幸いです。

２００６年８月

三上　克俊

なぜこの工務店に熱烈ファンがつくのか?

◎

目次

2章　地場工務店の持つすごい強みを生かそう

3章　「商品」開発をどのように進めるか

4章　コストダウンは「標準化」で実現する

5章　住宅の基本性能確保に不可欠な技術

6章　工務店の技術開発はこう進める

7章　仕事の流れを変える、作る

カバー装丁　小島トシノブ（NONdesign）
DTP制作　越海編集デザイン

1章 住宅は価格で売る商品ではない

私たち一般庶民にとって住宅は人生最大の買い物です。家は建ててみて気に入らないからといって、気軽に買い換えるというわけにもいきませんし、他のものと違って、見て触って十分に確かめてから買うということもできません。

坪100万円もするような「高級住宅」から、信じられないような安さの「ローコスト住宅」まで、さまざまな住宅が造られていますが、いったい何が違うのかよくわからない、というのが一般の方の見る目ではないでしょうか。

逆に作り手である工務店にとってみれば、お客さまの関心事はどこにあるのか、どうすれば信頼を得ることができるのか、ということに日々頭を悩ませています。

まずは住宅とその価格帯についての話から始めたいと思います。

1 中小工務店のマーケットはどこにある？

戸建住宅市場は3グループに分かれる

テレビのスイッチを入れると、大手ハウスメーカーの洒落たコマーシャルが流れてきます。週末の新聞には住宅屋さんのチラシがたくさん折り込まれています。なかにはパチンコ屋と見紛う派手なチラシから、いかにも手作りといった趣のものまで実にさまざまです。

戸建住宅の市場というのはいろいろな要素を持ち、非常に幅広いものですが、価格帯で大まかに分類すると次の三つのグループに分かれます。

一つ目は坪当たり80万円を超える高額の住宅、私はこのグループを「作品住宅」と呼んでいます。

二つ目は坪当たり45万円から80万円までのもので、私はいろいろな意味を込めて「商品住宅」と言っています。

▷戸建住宅市場は価格帯により
3グループに分かれる◁

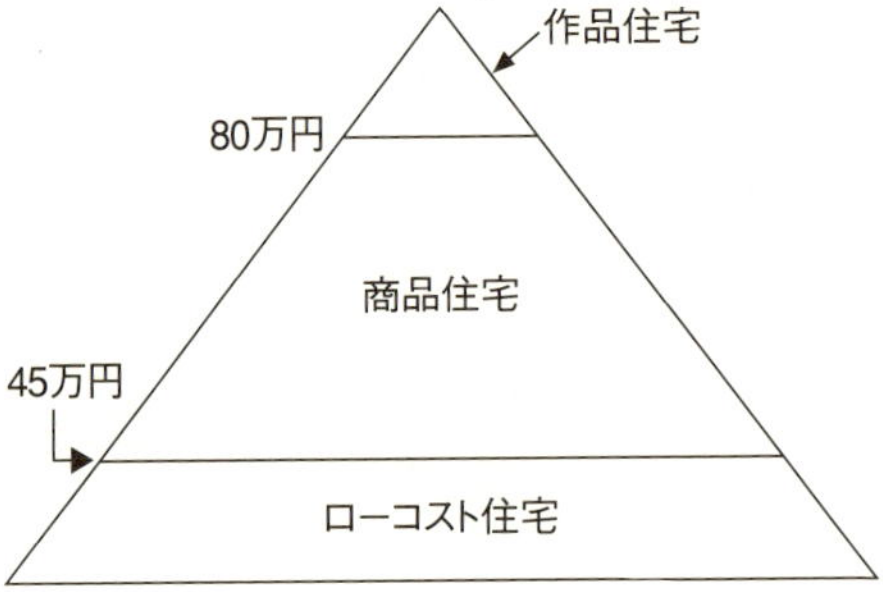

そして三つ目が坪当たり45万円以下の「ローコスト住宅」です。

もちろん、80万円、45万円というラインは地域差などもあり、大よその目安でしかありませんが、この3グループに大別してみると、市場の好・不況にかかわらず、またマーケット規模の比率に多少の違いはあっても、どの地方でも常に存在しているのがわかります。

しかし、ものづくりとしての観点や事業としての捉え方は、この三つのグループはまったく異質の要素を持っているのです。

―こだわりの「作品住宅」

「作品住宅」の市場では、住宅は施主やデザイナーの〝こだわり〟を最大限に重視して「一品料理」として作り上げられます。作り方で言えば、一軒一軒新たな納まり*が出てきて、その都度工夫して作っていきます。材料や設備品なども、場合によっては特注品を発注する場合もあります。

納める
たとえば天井と壁が接する部分を天井と壁の「取り合い」といい、そこをどのような形にするかを「納め」という。要所要所の「取り合い」の「納め方」をあらかじめ決めておくのが「標準納まり」である。

ただ、練りに練った納まりや特別に設計した部材は、次の物件で使える可能性はきわめて低いため、標準化やマニュアル化の対象にはなりません。技術者の広範な知識や経験と、熟練した職人の腕が必要とされる住宅です。

このような住宅が生み出す新しいデザインや技法、また逆に守り育ててきた伝統の技といったものが、我が国の住宅文化の発展に寄与していることは事実です。

ただ、この市場はマーケットの規模が小さく、技術的には「標準化」の対象になりにくいため、品質の確保にはバラつきがあり、会社経営として見た場合、事業としての発展性は小さいと言えるでしょう。

大手ハウスメーカーも時としてこうした価格帯の住宅を発表しますが、それはその住宅の事業性といった面ではなく、会社としてのデザイン力、技術力のイメージアップという点に主眼が置かれていることが多いようです。

とはいえ、このような住宅はいつの時代にも必要とされますから、事業としての規模の拡大や特段の成長を望まず、少数精鋭のメンバーで、年間10棟程度までを目安に長く事業を営んでいくには最適の市場です。

すべての面で標準化が求められる「商品住宅」

次に「商品住宅」グループですが、一部では「住宅を商品と捉えてはいけない」といった表現がされるなか、私があえて「商品」という言葉を使うのは、住宅に求められる実に様々な要素のすべてを「商品」と言えるレベルにまで完成度を高めていくことが要求される市場だからです。

要求される要素とは、コンセプト、住まい方の提案、外観デザイン、インテリアの提案といったソフト面、工法、構造、気密性能、断熱性能などのハード面、品質保証、アフターサービス、メンテナンスなどのサービス面、そして価格です。

「作品住宅」と「商品住宅」のもっとも大きな違いは〝標準化〟にあります。「商品住宅」においてはデザインや機能・性能を、安定した品質とコストで常に再現することができなければなりません。個々の建物の設計や施工に携わる社員の経験値や職人の熟練度の違いによって、品質に差が出ることは許されないのです。

それらを確実に実施していくためには、工法、構造、部材性能などの技術面や、設計、施工上のルール、そして原価管理なども含め、すべての面で〝標準化〟が必要になってきます。

実は「商品住宅」を造っていく仕事は、建設業というよりも製造業に近いのです。

もちろん、自由設計の戸建住宅であれば、一軒一軒形は違いますし、お客様の意向や敷地、その他の条件によって、個々に違う建物を造るわけですが、基本となる部分はすべて同じ素材を用い、同じ造り方で造らなければ、予定の機能、性能、品質の住宅を、予定のコストで造ることができません。

つまり、住宅の建設現場は商品の組立工場であり、最終的に一つひとつ違う形のものを造っていても、基本となる中身は同じものなのです。ですから、この「商品住宅」における品質管理や原価管理を行なっていく際には、製造業的視点、すなわち〝標準化〟が必要になってくるのです。

大手のプレハブメーカーなどはこの〝標準化技術〟に長けています。彼らがターゲットとしているのは、この市場です。市場としての規模も大きく、質の高い住宅を適正な価格で販売し、適正な利益を得ることが充分可能な市場だからです。

――何よりも価格が重要な「ローコスト住宅」

最後に「ローコスト住宅」市場ですが、この市場の要素は何をおいても価格です。

もちろん、性能、品質、保証体制といったことも顧客層の関心事ですし、競合する他のローコスト住宅会社との差別化も必要なので、さまざまな形でそれらについても自社の優位性を表現していますが、もっとも重要な要素はあくまでも価格の安さです。

本来、低価格で住宅を供給するためのコストダウンというものは、標準化、集中購買、物流の合理化といった方法を駆使して実現していくものですが、昨今の状況を見ていると、それだけでは説明がつかないほどの低価格住宅があちこちで派手に喧伝されています。これらは大半がローコスト住宅のフランチャイズです。

＊　＊　＊

さて、このような特徴のある戸建て住宅市場において、中小工務店はどこの市場に向けて住宅を造っていけばよいのでしょうか。いや、そんな難しいことなんか考えてないで、顧客の予算に合わせて造ればいいじゃないか、と思われる向きもあるでしょう。

いわゆる地縁、血縁の紹介客だけを相手に事業を展開していくというのなら、それもいいでしょう。しかし、一般のお客様を対象とするとなれば、その姿勢だけではお客様に検討していただける対象の会社とはなれないのです。

これから家づくりを考えようとしている人からすれば、どのような住宅を、どの程度の価格帯で建てている会社なのか、というイメージは非常に重要です。本格的なフランス料理を食べようと思って立ち食いソバ屋に入る人はいません。それなりの食事がしたいと思えば一流のシェフがいそうなお店を選ぶことでしょう。

しかし実際の市場では、多くの中小工務店が「作品住宅」や「商品住宅」の市場で自分たち自身が満足できる住宅を造っていきたいと思いつつも、自分たちは価格で勝負するしかないのだと考え、「ローコスト住宅」市場での体力消耗戦に巻き込まれて苦しんでいるのです。

結論から言えば、中小工務店が事業を安定させ、持続的、安定的な成長を図ろうとするなら、「商品住宅」市場をターゲットとして事業展開を図る以外に道はありません。

2　不毛な市場での戦いは自殺行為

――中小工務店は「ローコスト住宅」に関わってはいけない

結論から言いますと、「ローコスト住宅」市場で中小工務店が生き残ることはできません。なぜでしょうか。理由は簡単です。

価格の安さがなにより重要なこの市場で優劣を決めるのは、体力だけだからです。「ローコスト住宅」市場はパワーゲームの世界、それも持続的、安定的な勝者のいない不毛な世界です。宣伝の量、営業拠点の数、営業マンの人数が勝敗を分ける絶対的な要素になります。

事業規模や企業体力に劣る中小工務店が、パワーゲームの世界で成功を掴めるチャンスはほとんどありません。

そこで登場するのが、ローコストフランチャイズ*です。

しかし、考えてみれば、安い販売価格のうえにフランチャイズ本部にもロイヤリティーを支払って、健全な経営や成長に必要とされる充分な利益が得られるでしょうか。この考え方にはもともと無理があります。

フランチャイズ本部などでは会員会社募集の際に高利益率を謳っているようですが、実際に入会してみると、なかなかそのような利益をあげることはできません。

しかし、フランチャイズ本部にそのことを問い合わせると「それは会員会社の理解不足、努力不足であって、現実にこのとおりのコストでやっている工務店がある」ということになります。

しかし、こうしたフランチャイズ加盟店の物件を実際に精査したことがありますが、技術的には未熟、現場を見れば品質的に問題だらけ、なおかつ予定の利益は出ていない。住宅を安く造れる合理的な根拠は見当たらず、結局のところ、職方に安い単価を無理やり飲ませ、かつ、自社の利益を削って安く見せているというのが現実の姿のようでした。

加盟店にしてみれば、事業の建て直しや発展のためにと、重大な決意のもとに加盟したのですから、事実がわかってきても、その現実を受け止められず、うまくいかないのは自分たちの努力が足りないから、と考えたりします。

ローコストフランチャイズ
○○工務店が××ホームフランチャイズに加盟して、ノウハウやカタログなどの営業ツール、資材の提供を受け、××ホーム△△店として営業する方法。

こうして安い住宅を少ない利益で造らざるを得なくなり、薄利多売で凌いでいくしかなくなります。会社を維持していくためにはとにかく数を追うしかありません。しかし、このような事業形態になってしまうと、数が増えても利益率が充分でないため、経営状態は少しも改善されません。売っても売っても、苦しさが増えるだけという状態になっていきます。

さらに困ったことに、強引で稚拙な「効率化」によって、優秀な社員や質の良い職人は会社を離れていき、現場のモラルは低下し、良質な住宅などまったく造れない会社になってしまいます。

皆さんが事業をされている地域にもフランチャイズ系などの「ローコスト住宅」のトップランナーが必ず存在すると思います。お気づきだとは思いますが、そのトップランナーは数年のサイクルで新しいところに入れ替わっていませんか。

価格の安さを最大の武器にした事業は、際限のない拡大を続けていく以外に生き残っていく術がありません。したがって、どこかで必ず破綻します。ですから、数年でトップランナーは変わっていくのです。まさに絶滅した恐竜と同じです。

ローコストフランチャイズのなかには、ある地域で圧倒的な安さを武器に市場を席巻すると、次に別の地方に移って事業を展開し、前に市場としていたところからは撤退していくという手法、いわゆる「建てる、売る、逃げる」「焼畑農業」とも一部で揶揄されているようなところもあります。このようなところと関わりを持ったら大変なことになります。

まじめに「ローコスト住宅」に取り組んだとしても、さらに恐ろしいことは、一度その地域で「ローコスト住宅」の会社として認知されてしまうと、「商品住宅」や「作品住宅」のレベルを求める客層からは見向きもされなくなり、初めから検討対象外の会社とされてしまうのです。

「あと5万安ければ…」は安売りに毒された営業マンのセリフ

一方、社員は社員でこのような環境で仕事を続けているうちに「住宅は安さで売るもの。勝負は値引きとおまけを中心としたキャンペーン」という拭い難い固定観念に縛られていきます。こうした状況になってしまうと、いくら「商品住宅」の市場に向けて事業を再構築しようと提案しても「うちには無理です」「この地域にはそんな市場はありません」と、アプローチする前から諦めてしまいます。ふだんローコスト市場の客層としか接していないからです。

それでも、事業の建て直しのために何とか商品を作り上げ、展示場を作り、「ローコスト住宅」では生き残れないこと、「商品住宅」は価格で売るものではないことを何度も説明して、いざ売り出そうという段階になると、営業サイドから、こんな話がでてきます。

「この商品を、今後うちの柱にしていかなければならないことはよくわかりました。発売に当たっては、お客様に説明しやすくするためには現場を増やしたいですから、この際、大幅な値引きのキャンペーンをやらせてください」

そこで私は、

「現場を少しでも増やしたいというのはまったく同感です。しかし、この商品が対象としている客層の人たちは、値引きキャンペーンに釣られてくる人たちではないです。値引きキャンペーンは現場を増やす手段にはならないし、逆にそういうレベルの商品として見られてしまってはマイナスです」

すると営業マンは、

「新商品のスタートですから、粗利益を15％に下げてでも売って現場を増やすべきです」

そこで私は、

「だから、値引きをしても現場は増えないと言っているんです。それに15％では事実上赤字ですよ」

すると別の営業マンが、

「ここは苦しくても値引きをして現場を増やすべきだと思います」

「だから…」

話がまったくかみ合いません。

私は値引きがまったくいけないとは考えていません。商談のプロセスのなかで、ある程度のサービスはあって当然のことと考えていますが、「商品住宅」市場において、値引きは集客の手段にはならないのです。

安い住宅を売っている会社で営業マンに話を聞くと、どこでも必ず「あと坪5万安ければ売れる」と言います。ふだん売っている住宅が坪40万でも35万でも、この「あと5万安ければ…」が出てきます。私はこの言葉を信じていません。

「商品住宅」市場は日本全国どこの地域にも存在します。そして、どの地域でも「商品住宅」は価格で売る住宅ではありません。

全国規模の大手ハウスメーカーはローコスト市場では戦いません。そこが不毛の市場であることを知っているからです。では、安さで有名な住宅会社の商品というのは、なぜ、あれほどの低価格を実現できるのでしょうか。

3 脅威の低価格住宅の秘密

——誰も知らないコストダウン手法がある!?

私は以前、大手プレハブ住宅メーカーで商品開発や部材開発の仕事をしていました。競合他社との熾烈な競争のなか、本社開発部門に課せられるコストダウンの要求や新規部材の量産時原価の予算は常に厳しいものでしたが、年間8億円のコストダウンを達成して社長表彰を受けるなど、コスト低減の知識やノウハウには自分なりにかなり自信を持っていました。

商品開発プロジェクトのリーダーをした折には、どのようにしたらお客様に少しでも安いイメージを持ってもらえるかといったことも工夫したものです。

でも、そんな私にも理解できないような安さの坪単価を表示したチラシが次から次へと毎日のように届きます。

坪単価の計算方法や、本体価格に含まれる工事範囲に法的な定義や規制はありませんから、そこに一定のからくりがあることは容易に想像がつきます。

坪単価計算をする際の分母は本来、延床面積*ですが、施工面積*と称して吹き抜けやバルコニー、インナーガレージなども含めて計算したり、基礎は土地によって変化するからと、標準的な部分も含めて別途工事ということにしたり、なかには基本的な設備品をオプションとするなど、あきれたものもあります。

でも、それだけでは説明がつかないほど安い。私も知らないようなアッと驚く、凄いノウハウがあるのだろうかと、初めのうちは理解できないでいました。

しかし、仕事を通していろいろな情報に触れ、また、実際の建設現場や完成現場、展示場などを見たりするなかで、少しずつわかってきたのですが、別に私が知らない特別なノウハウがあるわけではないようです。そこで用いられているコストダウン手法というのは、以下のようなものです。

①集中購買
②資材の海外調達
③規格化、標準化
④現場搬入回数の限定

延床面積、施工面積
延床面積とは各階の床面積の合計という定義があり、いいかげんにはできない。施工面積には定義がないのでバルコニーなども含め施工する面積とすれば、延床面積より大きな数字となる。

⑤材工分離発注
⑥施工の機能分解による単価設定
⑦大工の多能工化

とくに目新しいものはありません。いずれも大手ハウスメーカーがかなり以前から取り組んでいる事柄ばかりです。

私も在籍当時はその一端を担っていましたが、それぞれの項目どれ一つをとっても、その専門の部署が数ヶ月から内容によっては数年という期間をかけて検討、検証を重ね、さらに準備期間を経て、少しずつ実施のレベルを上げていくものです。

現場で使われるコストダウンの実態

いうまでもありませんが、一つ、二つの要素でコストが劇的に下がるわけではありません。たとえば、①の「集中購買」ですが、よく、工務店のグループによる集中購買で資材コストが下がるといった話を耳にすることがあります。しかし、年間5棟、10棟クラスから1万棟、2万棟クラスのコストまでを取り扱った経験からいうと、年間数百から数千棟をまとめることで、ある程度のコスト低減ができることは事実ですが、決して夢のようなコストで資材が購入できるわけではありません。逆にその資材を必ず使わなければならないという制約も出てくるのです。

では②の海外調達はいかがでしょうか。輸入住宅と合わせて、ひところ大変話題になった資材の海外調達ですが、安い外国製品の導入は品質の担保やメンテナンス部品の確保、保証体制の構築など難題がいろいろあります。

ハウスメーカー在職当時、私はアメリカの木製サッシ導入を実施したことがあります。当初、びっくりするほど安い現地価格と製品の出来映えから、採用に至る障害は大したことないだろうと考えて作業に取り掛かりました。

しかし、基本性能はAクラスと聞いていたのですが、国内アルミサッシメーカーの協力を得て風洞実験を行なったところ、サッシの基本性能である水密性能*が要求レベルに遠く及ばないのです。

日本には台風が来るけれど、アメリカだってハリケーンが来るだろうと先方に言うと、「フロリダ仕様」というのがあるから、それなら絶対大丈夫というので、すぐに送ってもらって試験をしたら、これもだめでした。

それからは製品の改良改善と検証の繰り返し、その間の米国メーカーとの折衝、さらには国内導入後のメンテナンス体制の構築など、結局1年半を費やしました。

その挙句、改良した製品は日本向け特別仕様ということなってコストアップ。メンテナンス部品確保の費用その他もあり、当初計画していたコストでの供給はできませんでした。

海外部材の導入は決して悪いことではありませんが、国によって生活文化の違いなどから、品質

水密性能
防水性能のこと。JISでは等級と試験方法が規定されている。

や性能に対する感性の違いがあることを認識し、充分な検証と慎重な検討を必要とします。ただ安ければ良いというような簡単なものではありません。

③の規格化、標準化はもっとも重要なコストダウン要素ですが、技術面だけでなく、原価管理や情報の受け渡しの方法など内容は多岐にわたり、地道な努力の積み重ねが必要であると同時に、その会社の規模や置かれている環境によってあるべき姿は変わってきます。

④の現場搬入回数の限定というのは標準工程に合わせ、資材の搬入回数を3～6回程度に集約して物流の合理化を図って経費を節減していくことですが、契約時点での仕様の確定が必要であることや、ある程度以上の棟数がないとコストダウン効果が現れにくいものです。

後に述べる仕様変更に強い中小工務店の特徴を生かしていく際には、その阻害要因ともなりうる可能性あるので、慎重な対応が必要です。

⑤の材工分離も事業規模や業者との取引状況によって、やってよいものとよくないものは会社によって違ってきます。

⑥の施工の機能分解による単価設定を行なうためには、現場での仕事一つひとつの作業標準を作り、それぞれの作業にかかる時間を査定して、作業単位ごとの単価を設定していきます。こうすることで無駄を省き、トータルでコスト低減を図るわけですが、これを実施するためにはまったく落ちのない作業分析をしなければなりません。極端にいえば、釘1本を打つ時間が何秒で、その作業

が何円かといったところまでの分析と単価設定が必要となります。

このようなデータの積み上げから、棚ひとつを取り付けるための時間が何分、施工費がいくらと細かく作業別に単価を設定するのです。

しかし、現場は工場ではありませんから、棚を取り付けるために木ネジを何本、どのように打つかといったところまで決めても、なかなかそのとおりにはなりません。

この方法は高度に規格化、標準化された建物においてのみ有効な手段であって、中小工務店が造る注文住宅には基本的になじまない方法なのです。

また、⑦の大工の多能工化ですが、これは大工以外の別職種が行なっていた工事を、大工の工事範囲とするものです。専門の職種に1日単位で支払っていた施工費を、常時現場にいる大工の時間当たり施工費に組み入れて施工費の低減を図る手法です。しばしば現場施工費削減の切り札として登場します。

しかし、この多能工化を、ただ単に大工に新たな仕事をしてもらうことと認識しているとしたら、それは大きな間違いです。

たとえば、板金工の施工範囲である土台水切りを大工が取り付けるとします。たしかに土台水切りの取り付けは大工工事と納まりや施工時期が密接にからみますから、大工が取り付けてくれれば板金工を手配する必要もなくなり、非常に合理的です。水切りの固定は釘留めですから、基本的に大工にもできそうです。

しかし、だからといって、すぐに大工に水切りを付けてもらおうと考える工務店関係者はいないでしょう。

土台水切りは、たとえ折り曲げ加工したガルバリウム鋼板*の水切りを用意したとしても、出隅、入り隅、ジョイント部、掃きだしサッシとの取り合い部分、長さカットなどなど現場での板金加工が必要です。素人の大工では品質の良い仕事などとても無理です。

大手ハウスメーカーの場合は、これらすべてを部品化して解決を図ります。ジョイナーのためにインジェクションの型を起こして樹脂部品を作ったり、現場でのカットがないように物件ごとの図面をもとに、予め工場で長さを合わせてカットしておく、いわゆるプレカットの体制を整えるなど、板金工事に素人でも間違いのない施工ができるようにするのです。

つまり、そこに至るためにはいろいろな部品の開発、設計、さまざまなケースを想定したシミュレーション、金型投資、試行検証、施工費の算定と検証、供給体制の準備、職方への説明などが必要なわけです。

多能工化とはこのような技術開発行為の積み重ねの上に成り立つものであって、大工にいろいろやらせてしまえば、それで済むというような安易なものではありません。

ガルバリウム鋼板
アルミニウムと亜鉛の合金メッキ鋼板。耐蝕性などに優れている。

つまり、コストダウンの手法というのは、それぞれの会社の持つ技術力、職方の技量、事業規模、資材メーカーとの関係の質的内容、ターゲットとしている市場など、さまざまな条件によって実施すべき範囲ややり方が違ってくるものです。大手ハウスメーカーのやり方を聞きかじって、形だけ真似しても、決して良い結果は得られません。中小の工務店にはそれにあった実施すべき範囲ややり方があるはずです。

しかし、現状のローコストフランチャイズの住宅の現場など見ていると、これらの手法が充分な精査をせずに安易に利用されているように思えてなりません。

＊　＊　＊

品質を下げ、信用を落とす、まやかしのコストダウン

さらに、「ローコスト住宅」市場の現場ではもっと乱暴な施工費の削減手段も見受けられます。各職種の施工費を、支払う側である元請会社が査定するということ自体は、大手ハウスメーカーでもかなり以前から実施しています。それぞれの職種の時間あたり単価や工事項目ごとの施工時間の査定は、厳しいとはいえ地域性や職種ごとの適正利益も考慮し、実際の検証も行なっていて、それなりの合理性を持っています。

しかし、「ローコスト住宅」市場で聞こえてくるのは、

「下請け業者はこの金額でやれと言えばやりますよ」

「現にこの単価でやっているところがあるんだから、できるはずだ」

という発注者側の強い立場を利用して安い工事単価を強引に飲ませる、何ら合理的根拠のないコスト削減手段です。

こうなると下請け業者側も安い単価で生きていくために、その金額なりの仕事しかしなくなるのは当たり前です。元請のチェックがあるといっても、そのような工事単価を要求してくる元請会社にまともなチェック能力があるはずもないのです。

これは**技術というものを知らないからこそできる、まやかしのコストダウン**です。

これこそが、あの「耐震強度偽装事件」を引き起こした建設業界全体にはびこる負の構図です。専門的チェック能力がない元請担当者による合理的根拠のないやみくもなコストダウン圧力が常態化している状況のなかで、逆にそれを利用して仕事や利益を得る人間を生み出したため、あのような事件が生じたのです。

コストダウン、経済設計というのは、常に我々に課せられている重大な使命ですが、その大前提となるのは安全性、機能、性能、品質の担保であることを忘れてはなりません。

まやかしのコストダウンでもコストは下がります。しかし、それ以上に品質が下がり、会社の信用は地に落ちていくのです。

コストダウンはまじめな努力の積み重ねでしか達成できません。どこかのフランチャイズや連盟に加盟したら、魔法のように突然コストが下がるなどというのは幻想でしかないのです。

4 家づくりについての明確なメッセージを発信しよう

――「安ければ売れる」わけではない！

さて、「ローコスト住宅」と決別し、「商品住宅」市場での事業展開を図っていくうえで、まず必要となるのは「住宅は安ければ安いほど売れる」という思い込みを捨て去ることです。言葉で言うのは簡単ですが、実際には並大抵のことではありません。

とくに、今まで安さと値引きとおまけで住宅を売ってきた会社の場合、本書で後に述べるような改善・改良を実施することができたとしても、社員の意識が変わらなければ良い結果は生まれません。

社員の意識を変えるもっとも重要な要素は、経営者、トップリーダーの不退転の決意です。

以前、ある中堅ビルダーのお手伝いをしていたときのことです。その会社は私と関わりを持つようになる以前から、坪あたり70万円前後の注文住宅を年間100棟程度、受注、販売していました。

お手伝いを始めてしばらく経った頃、いろいろ改善すべき点はあるものの、技術陣は少しでも良い家を造ろうという気概を持っているし、営業陣は営業ツールもほとんどない状態でそれだけの実績をあげる力を持っているので、

「社長、改善が進めば、かなりのコストダウンが可能です。この会社の力なら、坪50万円台で市場競争力のある住宅を企画することが充分できますよ」

と提案をしてみたのですが、社長の反応は次のようなものでした。

「いやあ、坪50万円台といったら、大手プレハブメーカーも含めて、最激戦区じゃないですか。そんなところで戦えるような実力はうちにはないですよ。コストダウンができるのなら、いまの価格帯で、もっとグレードの高い、いい家を造れるようにしたいですね」

社長は、住宅は安いほど売れるなどとはまったく考えていなかったのです。まさにわが意を得たり、わかっている人はわかっているのです。

商品住宅の市場で**もっとも大切なものは、どのような家づくりをする会社なのかという明確なメッセージ**です。もちろん、同じものなら安いほうが良いに決まっていますが、価格がすべてに優

先するローコスト市場ではありません。

「商品住宅」市場のお客様が求めているのは、まず第一に信頼して任せられる会社なのかということです。

そして次に、自分の住まいに対する想いを理解し、その実現のために親身になって取り組んでくれる会社なのかということです。

さらには自分のイメージする住まいと、その会社の家づくりの理念が同じ方向にあるかどうかということです。

お客様から会社として信頼を得られ、家づくりのポリシーに共感してもらうことができれば、それこそお客様のほうから、予算も含めた「相談」が持ちかけられるのです。

ローコスト住宅の営業パターンにありがちな、まずは予算や諸条件を上手に聞き出して、できるだけ早くプラン提案と概算見積もりを持っていく、というやり方では、この層のお客様は離れてしまいます。ましてや初期提案の段階でお客様がなにも言わないうちから、

「ここをこうすれば、もっと安くなります」

「フローリングもこちらの製品にすれば安くなるし、性能は充分ですよ」

「今なら、キャンペーンでエコ・キュートがサービスになります」

と、やってしまったら、次のアポイントは取れないでしょう。

安売り住宅を扱ってきた営業マンは、どうしても「お客様の最大関心事は値段だ」という固定観念に囚われていることが多く、このような失敗も起こりうるのです。

10人のうち1人か2人でも熱烈なファンを作ろう!

自社なりの家づくりについての明確なメッセージを発信するというのは市場に対する決意表明ですから、一度決めたら、うまくいかないからといって半年や1年で変えるわけにはいきません。

私は本来、住宅というのは様々な要素を全体のバランスに配慮しながら組み上げていくものであって、ある要素だけに重点を置く家づくりは、どこかに歪みが出てくることが多く、問題があると考えています。

構造体だけ100年もってもしかたがないですし、外観デザインが素晴らしくても雨漏りしたら意味がない。温熱環境だけを考えていけば、窓はどんどん小さくなっていくのです。

このように技術的側面は基本品質を担保しながら全体的なバランスをとることが何より重要なのですが、「バランス」は売りにはなりませんし、メッセージ性もありません。

私の知っている工務店のなかに、規模は小さいのですが、非常に技術力の高い会社があります。社長は技術者で研究熱心、情報収集力もその分析力、応用力もあり、現場を見れば基本品質はしっかり担保されています。

技術力があるので、顧客の要望に合わせて「自然素材の家」でも「高気密、高断熱の家」でも、完成度の高いレベルで造ることができます。でも、業績が伸びないのです。

「うちはどうして売れないんですかねえ」

という社長に、私は次のように答えました。

「お宅は玄人受けするけど、素人受けはしないんですよ。何でもできるというのは、お客様から見たら、どんな家を造ってくれる会社なのかわからないじゃないですか」

＊　＊　＊

技術はバランスが重要ですが、営業的には何かに特化した明確なイメージが必要です。

年間に何千棟、何万棟と売らなければならない大手ハウスメーカーと違って、中小工務店の場合は特定のマーケットにターゲットを絞ることができます。

多くの人から60点、70点の評価を受けるよりも、たとえ10人中8人、9人に見向きもされなくても、1人か2人、熱烈なファンを得ることのほうが大切なのです。

地場工務店の成功の鍵が地域における信頼感の醸成にあることは論を待たないところですが、その第一のポイントはわかりやすい会社であること。そのために、まずはじめに必要なのが、家づくりに対する明確なコンセプトです。

5 思い切って「ローコスト住宅」の看板を下ろす

——なんでもありの多様化はジリ貧を招くだけ

「ローコスト住宅」の路線には会社としての未来がないことを理解して、では「商品住宅」市場に向けて事業を再構築しようと決意したとします。それまで安さを武器に戦ってきた工務店の場合、経営者はここで重大な岐路に立たされます。路線の転換をどのように行なっていくか、という問題です。

この方法には大きく分けて二つのやり方があります。

一つはソフトランディング方式です。

とりあえずは新たに開発した中高級の住宅とローコストの住宅を並行して販売し、ある程度、目処が立ってきた段階でローコスト住宅は縮小していく。あるいは将来的にも両方の住宅を販売していく、という考え方です。

二つ目はハードランディング方式です。

中高級の住宅を発売する段階で、ローコスト住宅の販売を止めて全面的に切り替える、というやり方です。

企業は生きていますから、今日、明日そして今月の売上げを考えたなら、なかなかハードランディングというわけにもいかず、何とかソフトランディングでいきたいというのが本音でしょう。

それに中高級商品からローコスト商品まで品揃えができていれば、今まで以上に幅広い客層に対応できるわけですから、業績も伸びるような気がします。

さらに、お客様に中高級商品を見ていただくことによって、「こういう技術力を持った会社なら、ローコストの住宅でも大丈夫」と感じてもらえるような気もします。

ところが現実には事態がこのように推移することはまずありません。会社のイメージは下限の商品によって決定されるからです。

前にも述べたように、ハンバーガーショップに「本格的フランス料理始めました」と立て看板を出しても、お店にはハンバーガーを食べたい人しか来店してくれません。

ローコスト住宅の看板を下ろさなければ、中高級の住宅を求めるお客様の検討対象にはならないのです。

仮に、そうしたお客様と出会う機会があったとしても、営業マンの安売り住宅販売トークに出会って二度と来店してもらえないでしょう。

もう一つの考え方としてローコスト住宅と中高級の商品住宅をまったく別の事業として人員を分ける、場合によっては別会社を作るという方法があります。

これはそうするだけの充分な人材と経営資源がある場合に限って、ある程度成功の可能性が出てきますが、よほどうまくやらないと対外的なイメージの分離は困難ですし、失敗すれば、それこそ「よくわからない会社」になってしまいます。人員的に無理があるのなら、やるべきではありません。

バブル崩壊後、事業の建て直しに成功した企業に共通していた施策は「選択と集中」です。「多角化」によって復活した会社の話は聞いたことがありません。

とくに人員などの経営資源に乏しい中小企業は「選択と集中」が重要です。いろいろやっていれば、どれか当たるだろうでは、ジリ貧になっていくだけです。

経営者の方々は直感的に、成功のためにはリスクを冒してでもハードランディングに挑戦するしかないということを知っています。

しかし、現実にその決断の時を前にすると、いろいろな理由を並べて回避したくなってしまうようです。

今、事業が順調であり、かつ今後の展望も希望に満ちているのなら、なにも変える必要はありません。でも、もし、そうではないのなら、変わらなければ生き残れません。
Ｃｈａｎｇｅ ｏｒ ｄｉｅ
「変革か死か」変わる以外に方法はないのです。

これから家を建てる人へのアドバイス

住宅の大きさというのはいろいろですから、住宅の価格帯を考えるときには、どうしても坪単価という尺度で判断せざるを得ない面があります。

私自身、初めて会った工務店に、どのくらいの価格帯の住宅を造っているのかを聞く際には坪単価を聞くことになります。

しかし、一般の人が住宅を計画する際に広告や宣伝で表示されている坪単価によって判断されるのは非常に危険です。

本文中にも書いたとおり、坪単価に法的定義はありませんから、最終的な総額がいったいいくらになるのかは、広告に出ている坪単価から判断することはできません。ましてびっくりするような低価格の坪単価表示競争に乗せられて、

「外観も悪くないし、一流メーカーのシステムキッチンが付いてこの値段なら絶対にお買い得。これで十分だよ」

と安易に考えてはいけません。価格にはすべて理由があるのです。

施主となられる方に言いたいのは、**「住宅は価格で買う商品ではない」**ということです。

家づくりの第一歩は、予算に納まるかどうかという視点から、少しでも安い住宅を造っている会社を探すことではありません。信頼できる家づくりをしている会社を見つけることがもっとも重要なことなのです。

そのような会社と出会うことができたら、予算を含めて、家づくりに関するすべてのことを相談すればよいのです。

結果として希望どおりの家を希望の金額では造れないということもあるかと思いますが、何ができて何ができないのか、どこを我慢すればできるのかといったことが明確になってきます。

「ご予算に合わせて如何ようにもいたします」という会社は信用できません。予算面や技術面から、できることとできないことを明確にして、できることの中から最善の策を

考えて提示するのが造り手側の責任です。

会社としての家づくりに対するポリシーや品質の基準などを持ち、「この部分についてはご予算に合わなくても、家づくりのプロとして譲れません」といった姿勢が必要なのです。

また逆に予算にゆとりがあるからといっても、価格の高い家なら良い家に違いない、ということもありませんから注意が必要です。

私自身も含めて一般的にいえることですが、自分が十分な知識や判断基準を持っていない分野のものの価値判断をする場合、ついつい価格を基準に考えてしまう傾向があるようです。

価格が安いということと同様に、高いということにも理由があります。それが本当に自分と家族にとって必要な価値を与えてくれるものなのかどうかという判断が必要です。

いずれにしても、それが適正な価格なのかということがもっとも重要なことなのです。

本書が適正価格で家づくりをしている信頼できる会社かどうかを判断する参考資料の一つになればうれしいところですが、住宅は人生最大の買い物ですから、手間を惜しまず、研究することも必要です。

ただ一つ言えるのは、あなたがプロ級の「住宅を見る目」を持っていないとしたら、「ローコスト住宅」を看板にしている会社は避けて通るのが賢明な判断です。

2章

地場工務店の持つすごい強みを生かそう

戸建て住宅の市場で事業を行なっている会社は概ね三つのグループに大別できます。

一つ目は1社で年間数千棟から数万棟の住宅を供給している全国規模の大手ハウスメーカー。二つ目は主に「ローコスト住宅」を中心として数千棟という規模で展開しているパワービルダーと呼ばれるグループ。そして三つ目が全国に数万社あるといわれる数棟から数百棟程度を扱う地場工務店です。

「商品住宅」を求めるお客様はデザインやブランドの持つ安心感から大手ハウスメーカーの住宅とするか後々のメンテナンスのことなどを考えて地域に密着している地元の工務店に頼むのがよいか、と考えるようです。ここでは地場工務店の立場に立って、どのようにしてその強みを生かしていくのがよいかを考えてみます。

1 同じ家なら中小工務店の方が2割も安い！

中小の地場工務店が対象とすべき「商品住宅」市場は、たとえ企業規模が小さくとも、知恵と特徴を生かすことによって充分に事業を発展させられる可能性を持った市場です。

同時に、大手ハウスメーカーとの競合も避けられない市場でもあります。中小工務店からすれば、ガリバーである大手ハウスメーカーとの競合ですから、双方の強みと弱みを充分認識しておく必要があります。

まずは販売価格とコストの問題について考えてみましょう。

——「大手は資材コストが飛び抜けて安い」わけではない

中小工務店の場合、持続的健全経営と企業としての成長のためには、粗利益が25～30％必要です。

20～25％だと経営としては成り立ちますが、成長に必要な技術開発やシステム開発などの先行投資ができません。さらに、これをも下回ってしまうと、ただ仕事を回しているだけとなり、会社は衰退していきます。

これに対し、全国規模の大手ハウスメーカーは、本社の開発・管理部門と、出先の販売部門もしくはディーラーがそれぞれ25～30％の粗利益を必要とします。これに本社部門から出先部門への部材支給率や材工比率の要素を考慮すると、概ねトータルで40～45％の粗利益が必要ということになります。

ただ、誤解のないように、ここで述べている粗利益と工事原価のとらえ方について少し説明しておいた方がよいでしょう。

工事原価としてとらえているのは、住宅を造るための材料費と職人の手間賃、つまり部材費と施工費ということになります。ただし、施工費の中には職人や下請け業者に材料と工事を一緒に発注する「材工」発注も含まれますし、逆に工場で事前に加工する費用などは「材料費」となるため、材料費と施工費の比率は事業の形態や建物の作り方によって変化します。したがって工場生産化率の高いプレハブ住宅メーカーなどでは「材料費」の比率が高くなり、6対4から7対3程度になります。

これに対し、地場工務店の場合、材工一括発注などがあるため5対5程度となるのが一般的です。

粗利益として考える内容は、社員の給与をはじめとする会社の全経費ということになります。現場監督の給与、監督が使う自動車の経費などは、すべて会社経費に含まれますが、大工に支払う手間賃は工事原価に入るということです。

これは一般的に現場監督は社員であり、大工は外注先という形態が多いため、この業界での原価と粗利のとらえ方のスタンダードとなっているようです。工務店の中には社員の大工がいたり、逆に現場監督も外注しているようなケースもありますが、ここで述べている粗利益とは以上のような認識で書いています。

ちなみに非常に大雑把で乱暴な見方ですが、会社経営に必要な総経費は総人件費の3倍というとらえ方があります。仮に社長から新入社員まで30人の会社の一人あたりの平均年収が500万円とすると、年間総人件費は1億5000万円ですから、総経費は約4億5000万円ということになります。

この4億5000万円を年間の総粗利で得なければならないと考えると、1棟あたり粗利益500万円として、年間90棟の販売が必要になってきます。

もちろん、事業規模の小さい地場工務店の場合、経費節減につとめれば、3倍までの経費をかけずに2.5倍程度でも健全経営は可能でしょうが、このような見方をすると25～30％の粗利が必要であることはよくおわかりいただけると思います。

次に肝心のコストの部分について、特に資材の調達コストの話をしましょう。

＊　＊　＊

大手ハウスメーカーに於いては、基本的に資材は査定購買＊が原則です。使用頻度の低いものについてはそれほどではないと思いますが、主要な資材についてはかなり厳しいコスト査定が行なわれます。

私はかつて部材の開発部門におりましたが、その時の仕事の流れは次のようなものでした。

たとえば、新しいオリジナルのアルミサッシを企画し、サッシメーカーとの共同開発で細部の仕様までまとめると、さまざまな性能検証、展示場などでの試行を行ない、最終的なコスト算定を経て、社内の決定機関である協議会に起案します。そして協議会で承認が得られれば、その内容は資材部門に引き継がれます。

当然、起案時点で開発部門はサッシメーカーと協議し、金型投資の償却計画も加味したコスト表を添付しますが、それはあくまでもパートナーであるサッシメーカーから提出された見積書を元に作られたコスト表です。しかし、資材部門はこれとは別にコストの査定を行ないます。

資材部とサッシメーカーとの間では事前にアルミ地金の取引価格、工場での一加工工程あたりの単価、ビス1本に至るまでの部品単価、梱包形態、メーカーの必要経費等々、事細かな単価の取り

査定購買
資材を購入する側が、原材料費や工場での加工費、物流経費などを査定して、購入金額を決定する方法。

決めが定期的に行なわれていて、コストの基準を作っています。

ですから、たとえ事前に打ち合わせをしていない別のメーカーが相手であっても、試作品と図面をチェックしてコストを査定し、その価格での納入を要求していきます。

また、業者によっては生産体制の合理化の遅れから、対象となる部材の査定金額での納入が難しいところもあります。このような業者に対しては相手の工場まで出向き、生産ラインの改善や在庫管理の方法、物流形態の変更まで要求し、査定金額での納入を実現していくのです。

「そこまでするのか」と思われるかもしれませんが、資材部門の担当者に要求されるもっとも重要な能力は、こうした担当分野の製品に対する価格査定力でした。このような大手ハウスメーカーの厳しい原価管理の実態を知っているので、私は当初、中小工務店の資材購入価格は、大手とかなり開きがあるのではと考えていました。皆さんも、年間数万棟の住宅を供給する大手ハウスメーカーは、さぞかし安く資材を仕入れているに違いないと思われているのではないでしょうか。

ところが、大手ハウスメーカーを退職して中小工務店の仕事に関わるようになって、細かく資材コストを見ていくと、予想していたほど差がありません。

たしかに大手のほうが安いには違いないのですが、住宅1棟あたりのトータルで考えると、概ね10%程度ではないかと思われます。

片や数万棟のスケールメリットと徹底的な合理的分析によるコスト査定。対する中小工務店は数十棟から数百棟程度のスケールで製造原価などわからぬままの掛け率取引*です。もっと大きな差があってもよさそうなものですが、これはなぜでしょうか。

掛け率取引
カタログなどに出ている価格の何%で納入するかということ。60%なら6掛け、55%なら55掛けなどという言い方をする

中小工務店の資材コストが抑えられるワケ

大手ハウスメーカーが資材を購入する際の資材メーカーの窓口は、特需あるいは直需部門といわれ、そこでは直接の大口取引を専門として行なわれるのが一般的です。

取引量にもよりますが、大口の取引相手であるハウスメーカーには相手の会社ごとに専任の担当者や担当チームがあって、きめ細かな対応をしています。

これに対して、中小工務店へ資材や建材を供給するのは、資材メーカーの中でも特販部門と呼ばれる部隊で、建材商社や問屋、販売店を通して販売していきます。

大手を相手にする特需部門は先に述べたように、細かな価格の根拠を会社対会社として取り決めていきますから、ある部材のコストの明細を求めると、その詳細な内訳が即座に出てきます。

一方、特販部門に価格提示を求めると、いわゆる「掛け率」が答えとして返ってきます。細かな内容の価格構成の提示を求めても、彼ら自身が詳細なデータをふだん取り扱うことがないため、明快な答えは返ってきません。しかし、特販ルートと言われる市場には、資材メーカー間の熾烈なシェ

ア争いがあります。

その際行なわれる納入価格の叩きあいは、生産体制や原価構成の細かな内容とは無縁の、掛け率と絶対金額だけが問題となります。シェアを取るためには、赤字ではないかと思えるような、思い切った価格が提示されることもあります。

さらに、資材メーカーにとっては、大手との取引は、話がまとまればビッグビジネスとなるのですが、交渉がスタートしてから取引が開始されるまでには長い時間がかかるケースがよくあります。ようやく取引が始まっても、当初の予定量と実際の取引量に大きな差が出て「こんなはずでは」ということも珍しくありません。

ですから、資材メーカーとしては、時間のかかる、あやふやな5000棟、1万棟の取引はそれとして、すぐに動き出す確実な50棟、100棟の取引も、充分に魅力のあるものなのです。

このようにして中小工務店の資材調達価格は、自助努力ではないにしろ、意外に低い水準で抑えられることになるのです。

＊　　＊　　＊

さて、必要とされる粗利益と工事原価のおおよそのイメージを掴んだところで、住宅としての価格構成を考えてみましょう。

中小工務店で工事原価1500万円の住宅は粗利益25％なら、販売価格2000万円、粗利益

▷同一の住宅なら中小工務店の方が
大手ハウスメーカーより2割は安い◁

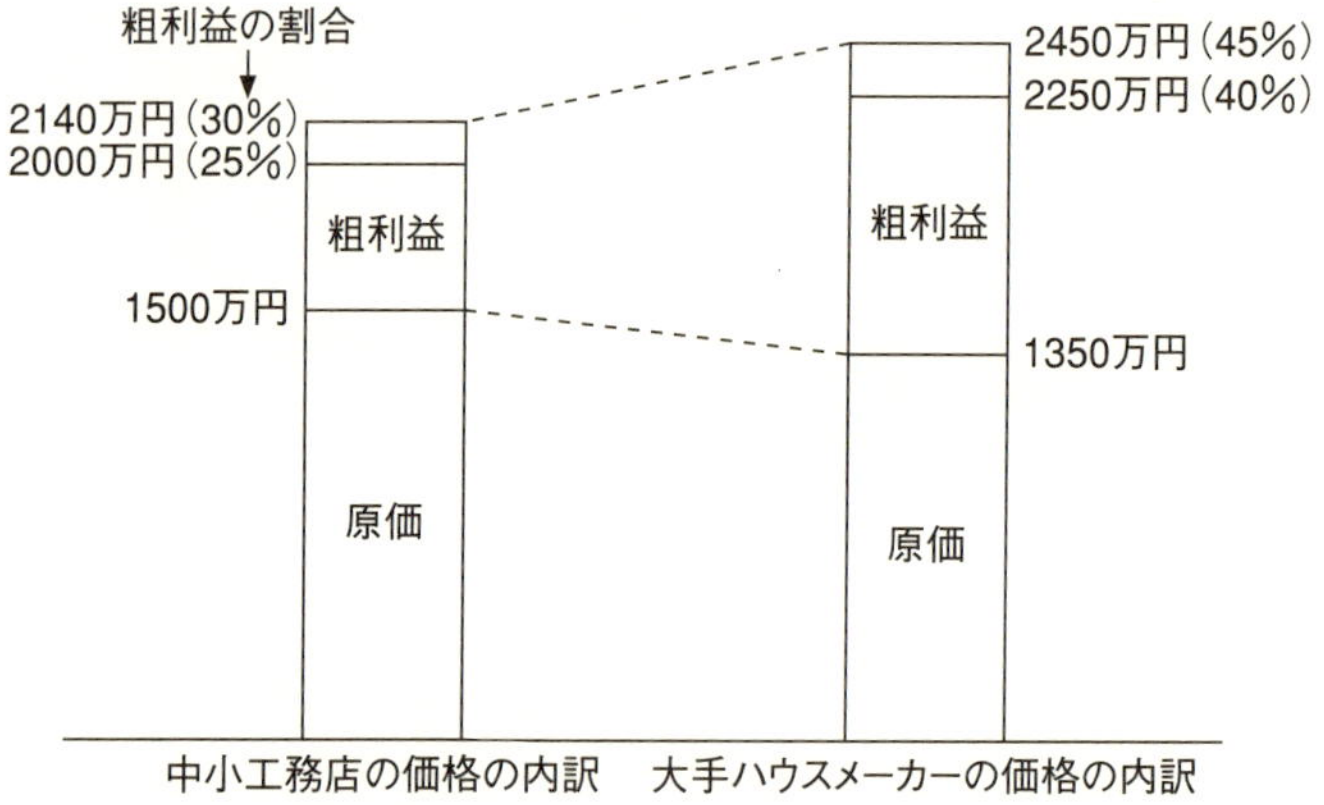

30%なら、販売価格2143万円となります。

まったく同じ住宅を大手ハウスメーカーは10%安い工事原価1350万円で造るとします。トータル粗利40%なら、販売価格2250万円、粗利45%であれば、販売価格は2450万円ということになります。

つまり、同じ家なら大手ハウスメーカーよりも中小工務店の方が1割から2割は安く売ることができるのです。「価格競争力は中小工務店の方がある」ということがおわかりいただけると思います。

2 技術開発力の差が商品開発力の差につながるわけではない

「技術開発力」で中小は大手に太刀打ちできない

大手ハウスメーカーと比較した地場工務店の強みについて、次は技術面から検討してみましょう。

実際に現場で住宅を建設していく「技術力」そのものについては、大手も中小も基本的に大差ありません。

工場生産化率や物流体制、管理手法など標準化、効率化の面での違いはもちろんありますが、建物としての最終的な品質・性能を造り上げるのは、大工や電工など人の手であることに変わりはないからです。

完成品としての住宅の安定的な品質や性能の確保という面については、中小工務店は中小なりの努力と工夫で充分に達成できます。

ただ、「技術開発力」という点では大きな差があります。

大手ハウスメーカーの技術開発というものは、大きく分けて形態が2種類あります。

一つは純粋に自社独自によるもので、主に工法、構造に関する分野が対象となります（「工法」「構法」「構造」については章末のアドバイス参照）。

プレハブ住宅メーカーの場合、独自の工法で大臣認定（詳細は後述）を取得して事業を行なっているわけですから、純粋な自社開発であるのは当然と言えば当然です。

もう一つの開発形態が、さまざまな業種との共同開発です。

オリジナルデザインのための特殊部材や先進機能の導入、品質・性能の向上など、部材や設備の開発は、多くの場合、それぞれの専門技術を持った会社との共同開発になります。

これらの本格的な技術開発というのは、人・モノ・金、どれをとっても中小工務店が太刀打ちできるものではありません。

しかし、技術開発力の差がそのまま供給する住宅の質の差となって現れるかというと、これがそうでもないのです。以下、形態別に工法、構造について と共同開発について、少し詳しく説明しましょう。

オープン工法

どこの工務店でも、そのルールや基準に従えば利用できる工法のこと。これに対しプレハブ各社の工法は自社でしか運用されていないので、クローズド工法ということになる

――工法、構造は一つに絞り、その特徴を生かした商品展開を！

工法、構造について言えば、さまざまなシステムがオープン工法*として販売されています。柱と梁の接合部分などの仕口を金物による接合として合理化認定（詳細は後述）を取得しているものや、集成材と接合金物で大空間の設計を可能にした工法として大臣認定を取得し、全棟構造計算を実施している重量木骨といわれる構法システムなどもあります（ＳＥ構法・(株)ＮＣＮ）。

これらの工法を自社のコンセプトとの整合性を考えながら利用するとか、もともと自由度の高い在来工法については、さまざまな情報を整理して自社なりの工法としてまとめることもできます。場合によっては独自に合理化認定を取得することもできるでしょう。

ちなみに、いわゆる大臣認定工法と合理化認定工法はまったく別のものです。

大臣認定と言われるのは、以前は「サンパチ認定」と呼ばれていたもので、建築基準法の38条に規定されていた認定制度による工法です。建築基準法が改正され、規定の内容も若干変わり、条番号も変わったことから、最近は単に大臣認定と呼ばれているようです。

これは基本的に在来工法とは別の独立した工法として国が認定したということで、プレハブ住宅などは、この認定を受けなければ建設することができません。独自工法としての認定ですから、構造強度の実大実験での証明など、その認定のハードルは高く、一般の工務店が考えた、ちょっとしたアイデアなどが対象となるようなものではありません。

工務店が利用できるオープンな木造系の認定工法は、現在のところ、先に述べたＳＥ構法と言われるものだけです。

これに対して合理化認定は、在来工法の枠組みのなかでの施工技術に関する合理化を認定する制度ですから、さまざまな金物による工法やパネル化による合理化工法などたくさんのものがありますし、工務店独自でも取得しているものがあります。

このように工法、構造に関して言えば、大手ハウスメーカーと中小工務店の優劣というよりも、建物とのマッチングやコストも含めた考え方の相違という面が強いのです。自社なりの考え方を明確に整理しておけば、建物の基本品質や市場におけるアピール性に決定的な差が出ることはありません。

ただし、ここで中小工務店が、やってはいけないことがあります。

いくつもの工法を同時に採用し、住宅の基本である工法、構造までいくつも品揃えをしてしまうことです。

「工法にも選択肢があれば、いろいろなお客様に対応できるから有利ではないか」と考えるのは事業戦略として稚拙と言わざるを得ません。

住宅の耐震性能や耐久性能にこれだけ社会的関心が高まっているのですから、会社として「当社は家づくりにはこのようなポリシーを持ち、それを実現するための工法、構造はこれです」というものを示す必要があるのです。

いくつもの工法を扱っていたのでは、家づくりに対する理念や見識を持たず、売れれば何でもよいと考えている会社と見られるおそれがあります。

ですから、取り扱う工法、構造は一つに絞って、その特徴を充分に生かした商品展開を図る必要があるのです。

大手が共同開発で得られるメリットはそれほど大きくない

次にさまざまな分野の共同開発技術ですが、これも開発力の差が結果としての住宅技術に現れるのはきわめて限定的な範囲に留まります。

実際の例で説明しましょう。

個人住宅向けのホームエレベーターの設計指針が日本建築センターで策定されたのは１９８７年のことです。

当時、私はホームエレベーター第一号の商品化を目指してエレベーターメーカーとの共同開発プロジェクトを立ち上げ、ハウスメーカー側のプロジェクトリーダーとして開発業務にあたりました。

ホームエレベーターの設計指針がどのような内容になるかは、その審議会メンバーにハウスメーカーもエレベーターメーカーも加わっており、審議段階から情報を得ることができましたので、指針が正式に発表される前から、開発プロジェクトはスタートしていました。

我々ハウスメーカー側はエレベーターの技術的な内容はよくわかりませんし、エレベーターメーカー側も戸建住宅、まして木質系住宅のことがわかりません。

何十回にも及ぶ、打ち合わせやお互いの担当部位の部品の試作、そしてエレベーターメーカーの工場に試験塔を造っての実験の繰り返しなどを経て、無事、ホームエレベーター認定第一号を取得し、どこよりも早く搭載住宅の発表を行なうことができました。

ここで開発されたエレベーターは自社の住宅用に設計されていましたから、開発当初は他の追随を許さない状況にあったのですが、早くも翌年には一般市場向けのホームエレベーターが発売されました。

当然、我々のパートナーであったエレベーターメーカーも、共同開発で得たノウハウを一般市場向けの商品化に生かしていました。

この事例からもわかるように、共同開発した設備や部品の技術が、それを行なったハウスメーカーの独占技術となっているのは限定された期間や範囲に留まらざるを得ないのです。

なぜ、このようなことになるかというと、ハウスメーカーの販売数量と設備メーカーの採算ベースに乗る生産数量に大きな差があるからです。

全国規模のハウスメーカーとはいえ、エレベーター付き住宅が何百棟、何千棟も売れるはずはなく、せいぜい年間数十棟というレベルです。しかし、エレベーターメーカーとすれば、新製品がその程度の生産量では話になりません。

　したがって、共同開発のスタート時から一般市場への販売を前提とした共同開発契約を締結して、開発を進めることになります。こう書くと、エレベーターメーカーにとってだけ有利な契約に思われるかもしれませんが、そうではありません。

　共同開発というのは、本格的なものになればなるほど開発にかかる投資金額は大きくなりますし、量産に移行するための金型投資も大きくなります。その資金を片方だけが負担するというのはあり得ません。

　ハウスメーカー側でもコストダウンのためにはパートナーである機器メーカーに大いに販売数を増やしてもらって、金型の償却費を小さく抑える必要があるのです。

　このようなことから、共同開発によって生まれる技術というのは、短期間のうちに誰でも利用できるオープン技術となるものが多いのです。

　また、外観デザインなどのためのオリジナル部材にしても、後に詳しく述べますが、中小工務店には中小なりの作り方があって、大手に充分に対抗できるものです。

＊　＊　＊

　このような実態を考えると、たしかに企業としての技術開発力には大手と中小の間には大きな差があるにしても、実際に建設する住宅にその差が現れることはほとんどありません。

これは、他の業界では考えられないことです。一般に製造業ではトップ数社のシェアを合わせると寡占状態となるものですが、戸建住宅市場では日本最大のハウスメーカーでさえ、数パーセントのシェアしかありません。トップ10社を集めても、せいぜい十数パーセントです。

他の業界では技術開発力の差はそのまま商品力の差として現れ、中小企業は他ではできない特殊技術などがないかぎり、まともな勝負はできないのですが、戸建住宅市場はそうではないのです。

中小工務店でも知恵の使い方ひとつで、大手を凌ぐ技術力を発揮することが可能なのが「商品住宅」市場なのです。

3 大手では本物素材を使った家が造りづらい

――本物の素材を提供しづらい大手

プレハブ大手で商品開発をしていた頃、世間一般で言われていたことがあります。

「本当のお金持ちはプレハブ住宅を建てない」――。

悔しいながら、我々自身も漠然とそのようなイメージを持っていました。

それはなぜなのか、という議論の末、出てきたのが「本物感の欠如」でした。

プレハブという言葉自体が本来の「プレ・ファブリケーション」(pre-fabrication: 事前組み立て)という意味を離れ、仮設事務所や仮設校舎、仮設住宅といったような、まるで「仮に作る簡易なもの」としてのイメージが世間一般にできてしまったからです。

実際の住宅においても、塩化ビニールのシートを貼った建材など、合理化、工業化の流れと相まって、石油化学製品全盛時代となっていました。そうした工業製品の集合体としてのプレハブ住宅というイメージがあったのです。

当時、私が在職していたハウスメーカーには「マーガリン理論」というものがありました。マーガリンはバターの代用品として世に出てきましたが、肥満対策や健康志向という時の流れに乗ってその存在感を増し、代用品としてではなく、新しい「本物」としてバターを凌ぐ存在になっていく。プレハブ住宅もマーガリンのように新たな「本物」になるのだ、というものでした。

あれから随分、時が経ちましたが、マーガリンは、やはりマーガリンであり、とてもバターを超える存在になったとは思えません。

建築物の価値を考えてみると、歴史的建造物など、昔からある優れた木造建築は年を経るとともに、その価値が上がっていくのに対して、我々が造る住宅はお客様に引き渡す時が最高の状態で、あとは年々劣化し、価値が下がっていきます。

いろいろな要因があるでしょうが、その大きな一つが、素材が本物か偽物かということにあると考えました。

木にかぎらず、金属や石も天然の本物の素材は適切な維持管理をすることによって、長く使え、本物ゆえの変化が味わいや風合いを生み出して、その価値を高めていきます。銅板で屋根を葺くと始めはピカピカですが、次第に酸化して緑青を噴き、黒ずんで落ち着いた味のある風合いになっていきます。

これに対して木目を印刷した塩ビシートの造作材や建具は、初めはきれいですが、年々劣化していくだけです。

そこで我々は、年々、価値が増していく住宅を目指して、さまざまな本物素材を使った部材の利用にチャレンジをしたのです。ところがこれが、失敗の連続でした。

その一つに亜鉛合金製の破風《はふ》がありました。切妻屋根の端部に取り付けられる破風は、建物の外観デザインの重要な要素の一つです。これに表面をコーティングしていない亜鉛合金を利用すると、新しいうちは銀色に輝いていますが、風雨に晒されると、表面に酸化皮膜ができて徐々に黒ずみ、1～2年もすると落ち着いた重厚な味わいが出てきます。

ところが、この破風に山のようなクレームが来るのです。破風材が現場に搬入される時点で、ロットによって酸化度合いに差があって、部分的にピカピカだったり、黒ずんでいたりと色違いが発生するのです。

1年も経過すれば、同じような酸化度合いになって落ち着いてくるとは言っても、全国からのクレームを放置するわけにはいきません。

同じように無垢の室内木製框《かまち》ドアは、無垢なるが故の色違いや色合いの変化がクレームとなり、真鍮でできた室内ドアのレバーハンドルは黒ずむことがクレームとなります。

私が子供のころは、真鍮とは磨いて手入れをするというのが常識だったのですが、今はクレームとなるのです。

開発に関わった者としては、個々のお客様に直接説明することができれば、きっとわかってもらえるという思いがありましたが、全国に販売しているのですから、それもかなわず、再発防止のクレーム対策を考えることになりました。

その結果、亜鉛合金の破風は亜鉛合金風の印刷を施した塩ビ鋼板に変更を余儀なくされ、真鍮は真鍮色に着色したアルミに変わりました。

これらの経験から私の得た結論は、大手ハウスメーカーにとって最高、最良の素材とは「かぎりなく本物に近い偽物」ということでした。

石油化学製品によって、我々が大きな恩恵を受けていることは事実であり、そうした製品を否定するつもりはありませんが、本物をコピーした人工の製品に囲まれた生活を送るうちに、高級なものとは「均一であること」「変化しないこと」「手入れが不要であること」といった誤ったイメージが、多くの人々の間に形成されてしまったような気がしてなりません。

大手ハウスメーカーで部材開発を行なっていくというのは、バターを求めるのではなく、マーガリンの味をきわめる努力をすることしかなかったのです。

お客様と接することができる中小だからこそ本物素材が使える

翻って、中小工務店の置かれている状況を考えると、担当技術者自らが住宅に採用する部材や仕様を吟味し、検討、検証を実施し、常に個々のお客様と接することができる状況にあります。

本物素材の持つ、それぞれの特性や手入れの仕方、なぜ、その材料を選んだのかという理由などを、直接お客様に伝えることができるのです。こうした開発担当者の「想い」は書面にして全国にバラ撒いても、マニュアルを作って営業マンにしゃべらせても、決して伝わるものではありません。フェイス・トゥ・フェイスでお話をして始めて伝えることができるのです。

無垢の本物の木でできた室内ドアや造作を見慣れていると、塩化ビニールの木目を印刷した室内ドアを見たときに、本物と偽物の違いを強く感じます。しかし、塩ビシートの室内ドアや造作ばかりを見ていると、無垢材の製品を見ても、その良さが感じられません。

腕の良い大工さんの仕事を見慣れていると、下手な大工仕事との違いがよくわかりますが、下手な仕事しか見ていないと、レベルの高い仕事を見ても、同じようにしか感じません。

物でも仕事でもデザインでも、すべて同じだと思うのです。価値の高いもの、レベルの高い仕事に接していると「違い」がよくわかりますが、価値の低いもの、レベルの低い仕事しか知らないと、価値あるものに出会ってもその価値がわかりません。どれも皆、同じようなものと思ってしまうのです。

無垢の木でできた床材であるフローリングと、木目を印刷したシートを合板に貼り、ウレタン塗装や特殊なシートなどで表面処理されたカラーフロアを比べると、無垢の床材はワックス掛けなどの手入れが不可欠ですし、季節によって、多少の隙間ができたり、表面が傷つきやすかったりと、いろいろと面倒です。

一方、カラーフロアは製品によってはワックス不要のメンテナンスフリーで、しかも耐摩耗性などに優れ、なかにはキャスターでゴロゴロしても大丈夫というものもあります。床材としての性能はすべてカラーフロアが優れていますが、価格は無垢フローリングの方がずっと高いわけです。

それでも、両方の製品を触っていると、その価値の違いを感じるのです。無垢材のフローリングが欲しくなってくるのです。

本物素材を使って、時の経過とともに価値を増していく住宅を造るということにおいては、大手ハウスメーカーよりも中小工務店にこそ、大きな可能性があります。

4 イレギュラーな事態が発生しても中小なら柔軟に対応できる

――お客様は最後まで悩んだり変更したがるもの

企業規模の大小、工法の如何にかかわらず、住宅の設計内容や各種仕様の決定は、早ければ早いほど良いのはいうまでもありません。職人の段取りや資材の発注、納入計画などが無理なく効率よく進むからです。作り手側にとってさらにつけ加えれば、契約後の設計変更や着工後の仕様変更などは、できることならやめて欲しいというのが本音だと思います。

しかし、お客様の側に立てば、個人差はあるものの、住宅は人生最大の買い物です。家族全員の夢やいろいろな都合もあるでしょう。ぎりぎりまで悩んだり、工事が始まってからも、あちこち変えたくなったりするものです。

お客様のご要望とあれば、できるだけ対応したいところですが、このような決定の遅れや変更への対応力については、中小工務店は大手ハウスメーカーよりも圧倒的に優位な立場にあります。

企業規模が大きくなればなるほど、数多くの建物を一定の品質を確保しながら、予定のコスト、予定の工期を守って造り上げていくためには、業務を機能別に分解し、分業化していく必要があります。

さらに、部門同士の連携を円滑に進めるためには、さまざまなルールが必要となります。大きな組織で住宅を造っていくというのは、一つの住宅を造り上げていくのに多くの人が直接、間接に関わってくるわけですから、どうしても複雑化せざるを得ない面があります。

そして、日常の業務として間接的に住宅の建設に関わっている人には、お客様の一人ひとりの顔は見えませんし、個々の案件に関心を払うゆとりもありません。ルールどおりに間違いなく仕事を処理して、後工程に引き渡していくのが何よりも重要なこととなります。

このような状況のなかでは、着工予定から算出された部材の発注時期や範囲については厳格にならざるを得ませんし、時期はより早く、範囲はより広くなっていきます。

変更に対する対応も、できる範囲ややり方に、一定の制約が出てきてしまうことは避けられません。

また、工期の短縮、品質の安定、トータルコストの削減などを効率よく図っていくためには、現場での仕事をできるだけ減らし、工場生産化率を上げていくことです。

これのもっとも進んだ工法の形態が、住宅の室内の仕上げまでできた箱を現場でクレーンを使って積み上げて造る「ユニット工法」ということになります。ただし、こうした工場生産化率が上がれば上がるほど、変更に対する対応力は弱くなります。

中小には問題ない変更も大手には大問題

たとえば、上棟の日に、お客様からコンセントの位置を変えたい、ある部屋の照明のスイッチを、普通の片切りスイッチから二ヶ所でＯＮ、ＯＦＦできる３路スイッチに変更したいという申し入れがあったとします。

中小工務店にとっては何の問題もない変更でしょう。コストについても、片切りスイッチと３路スイッチの差額が発生するだけで、位置の変更などによるコストの変動は発生しません。そもそも電気の計画についてはこれから打ち合わせをしましょう、という段階かもしれません。

ところがユニット工法の住宅では、そうはいきません。お客様との契約が締結されると、その内容にもとづいて工場に生産指示がなされます。建設現場には建物の影も形もないうちから、工場では艤装《ぎそう》と呼ばれるユニットの製造、造りこみが始まっています。

電気配線の関係などは配線ユニットから電線、ＶＶＦケーブル*が蜘足状に出ているものを、各ユニットに取りつけていきます。もちろんＶＶＦケーブ

ＶＶＦケーブル
建物内の電気配線に使う、ヨリ線ではなく単線の電線。

ルは必要な長さでカットされます。

パターン化された何種類かの配線ユニットを用意できる規格住宅などでは、効率よく艤装を行なうことができます。

逆に、もし配線ユニットが工場艤装できなければ、壁や天井の仕上げも工場ではできなくなり、ユニット工法する意味がありません。

しかし、コンセント位置が変わるということは、VVFケーブルの長さが変わるということですし、片切スイッチを3路スイッチに変更するというのも、2芯のケーブルを3芯に変えるということです。

つまり、用意されている配線ユニット、あるいはすでに取り付けてある配線ユニットが使えなくなってしまうおそれもあるわけです。さらに、規格住宅の工場生産ラインでは、その変更のために該当するユニットを生産ラインからはずして変更作業をしなければならない場合もあります。

このように、一般的には軽微に思える仕様変更も、ユニット工法においては製造上大きな影響を受け、それに関わるさまざまなコストが発生してしまいます。

ユニット工法の住宅の造り方がわかっていれば、当然のコストアップになることが理屈のうえではわかるのですが、お客様から見れば、たかがコンセントやスイッチの一つや二つの変更で、なぜそんなに費用がかかるのか理解できないでしょう。まして、現場での工事がまだ始まっていないとしたら、理由を説明されたとしても、納得はできないでしょう。意思決定の遅れや仕様の変更など、イレギュラーな事態に対する対応というのは、組織が大きくなるにつれ困難になってくるのです。

当然ながら中小工務店の場合は、こうしたイレギュラーな事態に対して、圧倒的に柔軟性を発揮できる可能性を持っています。何よりも、家づくりに関わる社員全員がお客様の顔を知り、気持ちを知っている状態で仕事をしていくというのが最大の強みでしょう。

5 中小工務店の強みを最大限に生かすには

中小は優位性を発揮できる分野で、それを存分に生かす

中小工務店が大手ハウスメーカーに対して優位性を発揮できる要素を、いくつか示してきましたが、それでも大手ハウスメーカーが優位に立つことはいろいろあります。

ネームバリューから来る安心感、きれいで立派なカタログなどの営業ツール、圧倒的な宣伝力な

ど、真似をしようと思ってもできるものではありません。

ただ、地場工務店は全国に名を知られる必要はありません。地域で信頼されるブランドになることは工夫と努力によって可能です。営業ツールや宣伝にしても、手作り感で勝負するなど、工夫のしかたはいろいろあります。

要するに体力勝負の「ローコスト住宅」市場と違い、質で勝負する「商品住宅」市場においては、大手に勝てない要素はないということです。

もちろん、中小工務店が優位性を発揮し得る分野については、それを存分に生かしていく戦略が必要です。

工務店経営者の方々とお話をしていて感じることですが、経営者は二通りのタイプに分かれるようです。一つは独自路線にこだわるあまり、大手ハウスメーカーの手法や、しくみを何でも否定的に見ている方。もう一つは大手の考え方や手法を何でも真似したがる方です。

このどちらも極端に偏ることは正しい態度ではありません。

大手ハウスメーカーが長年にわたって積み上げてきたノウハウや手法、判断の尺度といったものには、業界の常識になっているものや素晴らしい点が多々あります。もちろん中には、条件によっては取り入れてはいけないものもあります。

要するに、こうした考え方やノウハウを充分に理解し認識したうえで、自社の規模や対象とする市場、扱う住宅などに合った戦略・戦術を考えなければいけない、ということです。

裏方にまわりがちな現場監督を主役に抜擢しよう！

中小工務店が優位性を持って事業を展開していく要素として「本物素材」と「対応の柔軟性」の2点を指摘しましたが、これらを事業の方針として取り組もうとすると、社内の体制を変える必要が出てくるかもしれません。

どういうことかと言いますと、技術者による説明、技術者による接客が、より重要になってくるからです。

中小工務店の営業マンの中にも、昨今は住宅に関する知識など、ほとんどない素人とも思える人を数多く見かけます。「素人が素人に売っている」状態では、中小工務店の優位性を生かすことなどできません。

全社員数に対する営業マンの比率は5割以上必要であるとか、一人の営業マンが1月あたりに販売する住宅の数、いわゆる営業マン効率は0・7以上でなければいけないなどといった数値の目安で自社の状況を判断する向きもあります。

また営業マンの行動についても、お客様との面談で、立ち話ではなく、きちんと座っていただいて面談した時間（これを「着座時間」といいます）がどれほどなくてはいけないとか、どのようにしたら着座時間を増やすことができて結果的に受注を増やせるかといった目安などもあります。

中小工務店がこのような大手ハウスメーカーが作り出した物差しで自社を計って、もっと営業の比率を上げなければいけないなどと考えてもなんの意味もありません。

中小工務店が目指すべき、営業をはじめとする経営方針は少数精鋭です。プロが造り、プロが売る住宅会社です。

営業、設計、工事という仕事の流れは規模の大小に関わらずいずこも共通していますが、それぞれの業務範囲とそれに伴う人員配置は会社によってさまざまです。

大手ハウスメーカーなどのように、数多くの住宅を合理的に建設し、販売していくことに重点をおくなら、営業に多くの人員を配置し、営業～設計の段階ですべての内容を決めて、現場は決められたとおりに造る、という考え方になってきます。

こうした考え方の下では、現場監督の仕事は職人と資材の手配が中心となり、一人でかなりの数の現場を担当することになります。

しかし、中小工務店に必要な「本物素材」や「対応の柔軟性」をテーマとすれば、人員配置や業務範囲を考え直さなければなりません。つまり、現場監督こそが重要な役割を担わなければならないのです。

本物素材の価値をお客様に説明する最適な方法は、現場で現物を見せ、触ってもらうことです。

手入れの方法を説明するのに最適なのも現場監督です。

また、仕様打ち合わせの担当が現場監督であれば、個々の材料の仕様決定期限の把握も確実にできますし、それぞれの工事段階で変更可能なものの判断や、変更に伴う概算費用の把握なども正確かつ迅速に対応することができるでしょう。それがお客様の信頼につながります。

こうした考え方に立つと、一人の現場監督が同時に担当できる現場の数はかぎられてきます。もちろん監督のレベルアップも必要になってきます。

私の知っている実例でお話ししましょう。

▽A社		▽B社	
年間	150棟	年間	100棟
坪単価	50万	坪単価	70万
社員総数	80名	社員総数	55名
営業	30名	営業	12名
設計積算	15名	設計積算	8名
現場監督	6名	現場監督	20名

この数字を見れば、おわかりいただけるかと思いますが、A社は大手ハウスメーカー的手法で合理化を徹底的に進めていますし、B社は手作り感や本物感をウリにしている会社です。

年間数千棟、数万棟の大きな会社を目指すのなら話は別ですが、地域で信頼される地元住宅会社として持続的、安定的な成長を望むのであれば、B社のような体制が望ましいと考えます。

ともすれば、**裏方的な存在であった現場監督を主役に抜擢し、スターにしていくことが一つの有力な方策**ではないでしょうか。

これから家を建てる人へのアドバイス

時折、一般の方から大手ハウスメーカーと地場工務店では、どちらで家を建てるのがよいかといった相談を受けることがあります。

このあたりの話をするには、まず工法と構造について基本的な解説をしなければなりません。

本文中にも工法、構法、構造といった似たような言葉が出てきますが、「工法」というのは住宅の造り方や材料の組合せ方、構成の仕方のことを言います。

昔からある木造住宅の作り方を在来工法、アメリカから入ってきた２×４工法、そしてプレハブ各社が独自に開発しているプレハブ工法といった基本的な住宅の造り方を「工法」として表現しています。

また「工法」はもっと部分的な構成についても表現として使われます。断熱の方法も外側から断熱材を貼りつける方法を外断熱工法、柱と柱の間に断熱材を入れる方法を充填断熱工法といった言い方をします。

「構法」というのは工法の中でも建物の骨組みの作り方、構成方法に限定した表現として使われます。ですから在来工法の骨組みの作り方を木造軸組構法という表現で表すこともあるわけです。

「構造」というのは、それぞれの工法によって作られた建物の骨組み、そのもののことを言うので「○○工法によって作られたこの建物の構造は地震に強い」といった表現をすることになります。

基本的な作り方である在来工法、２×４工法、プレハブ工法にはそれぞれ特徴があり、どの工法でもきちんと作れば良い建物が造れますから、単純にこれが一番良いなどというものはありません。

プレハブ工法や先に述べたＳＥ構法は大臣認定の独自工法ですから、その工法を知らない職人が自分の経験にもとづいて適当に作ることはできません。必ずそのルールの教育を受けた管理者の下で建築されます。したがって、品質の管理がしやすいという点はあります。つまり当たり外れが少ない（ないとは言えませんが）住宅といえるかもしれません。

これに対して在来工法はもともとの日本の住宅工法ですから、先人の知恵が生きた自由度の高い優れた工法ですが、設計や施工の善し悪しで素晴らしい住宅にも質の悪い住宅にもなる可能性があります。

プレハブ工法でも同じことが言えるわけですが、在来工法のほうが善し悪しの幅が大きいといえます。

いずれにしても、工法に決定版がないというのは最大手のプレハブ住宅メーカーが在来工法による商品を、高級住宅シリーズとして販売している事実を見れば明らかです。

大切なのは施主となる方とその家族がどのような住まいを建てたいのかということなのです。ライフスタイルや外観のイメージ、土地の条件、家族構成や将来の生活イメージ、そして予算やスケジュールといった条件の中で自分にあった工法や会社を選ぶことが大切です。

大手ハウスメーカーと中小の地場工務店の技術力の実体や、価格構成などの概略のイメージは、この章の内容である程度つかんでいただけたのではないでしょうか。

地場工務店には中小なりの特徴の生かし方があります。地元の工務店に仕事を頼むのであれば、そうした特徴を生かす術を知っている会社に頼みたいものです。

3章 「商品」開発をどのように進めるか

「商品住宅」市場において何より重要なことは、どのような家づくりをしている会社かということをお客様に知っていただくことです。そのためのもっとも有効なツールが「商品」なのです。

「商品住宅」市場のお客様で真剣に家づくりを検討されている方々は、技術を説明したパンフレットなども隅々まで読んでくださる方が多いのですが、具体的な住宅のイメージを持っていただくためには、「商品」という形で表現することが必要です。

自由設計による請負契約なのですから、でき得るかぎりの方法で、どのような住宅になるかをわかっていただく努力は作り手としての義務です。

どれだけ具体的で明確なイメージをつかんでいただくかが、住宅会社としての勝負なのです。

1 戸建て住宅における「商品開発」とは？

商品を商品として成り立たせる「しくみ」

戸建住宅における「商品」とは何でしょうか。テレビや広告にはハウスメーカーなどの「商品」が宣伝されています。過去には一つのシリーズで10万棟売れた大ヒット商品もありました。

工務店のお手伝いをしていると、過去に「商品」を作ったことがあるという話をよく耳にします。そういった商品の資料を見せてもらうと、まず代表例となるプロトタイプの平面図、立面図、パースがあり、住宅の大きさ別の間取り図を集めたプラン集、仕様表、価格表があり、プレゼンテーションボードや設備などの写真をまとめた資料があります。

商品コンセプトを設定し、対象となる家族構成を想定して、これら資料をまとめるだけなら、１～2か月もあればできるでしょう。

しかし、これだけでは短期的なキャンペーンの一種、宣伝用のチラシの彩りとしての存在以上のものにはなりません。せいぜい半年かそこらで消えていく存在です。2年も経つとそんな商品あったかなあということになります。

住宅以外の世界ではこのような存在を「商品」とは言いません。「商品」とは会社の顔となり、財産となるものでなければならないからです。

プランや価格など、人の目に触れられる部分というのは、商品の構成要素のほんの一部分にすぎないのです。氷山にたとえるなら、海上に突き出している一部分です。

氷山の海面下に隠れた9割の部分にあたるのが、商品を商品として成り立たせるさまざまな「しくみ」です。

「商品」というものは担当する人間が変わろうと、職人が変わろうと、どこに建設しようと、常に予定の性能、予定の品質、予定のデザインを予定のコスト、予定の工期で確実に再現できなければならないものです。

ハウスメーカー在職当時、こんなことがありました。

ある日、私が所属していた設計部とは別系列の部長から依頼がありました。ある展示場で室内ドア上部の欄間《らんま》部分を吹き出し口とするエアコンを作って、実験的に設置して欲しいというのです。

私は質問しました。

「その展示場の1台だけと考えてよろしいですか」

「それでいいよ」

「わかりました。やらせていただきます」

私はすぐに現場へ行き、状況を調べてから構想をまとめました。エアコンメーカーの技術者に来社してもらい詳細な内容を決め、吹き出し用のルーバーなどは木工メーカーに発注して、ひと月ほどで注文どおりに設置を完了したのです。

くだんの部長にはお褒めの言葉をいただいたうえ、次のように言われました。

「うちの連中にいうと、難しいとか何とか言ってぜんぜんできないのに、あなたに言うとなんでこんなに簡単にできちゃうの？」

「それは部長の部下の方だと、部長の依頼ということで商品化までを意識するからじゃないですか。私も商品化することが条件だったら、こんなに簡単にはできません。今回のように一つだけ作ればいいのであれば、大抵のことはできます」

＊　＊　＊

一つだけ作るという行為と、いくつも作るという行為は、技術的にまったく次元が違うのです。

同じように現場でうまく納めるという行為と、標準の納まりを作るという行為も、まったく違う意味を持っています。

欄間吹き出しエアコンは、機器本体こそメーカーが通常販売している製品を使いましたが、その建物のこの位置だから、こうなるという方法で本体を吊りこみ、専用のボックスを設計し、その建物固有の条件のなかで配管経路を設定しました。したがって、もう一つ別の建物に設置する指示を受けたとすれば、また1か月かけて準備しなければならないことになります。

仮にこの空調システムを商品化しようとしたら、まずはいろいろな建物における設置方法のパターン分析を行ないます。次に機器メーカーに熱負荷計算を含め、必要なスペックを検討してもらい、機器本体のバリエーションの設定をします。さらに、必要部品の試作検証、量産体制、供給体制の構築など、このほかにもさまざまなハードルを越えていかなければなりません。

もっとも難しい課題は、売れるような価格設定ができるのか、個々の物件に対して、いったい誰がシステム設計を行なうのかという点です。

ですから、私がやったことは欄間エアコンの試作をたった1か月でやったというよりも、エアコン1台の設置に1か月もかかったという方が適切かもしれません。

つまり、「商品開発」という行為には技術的側面に留まらず、すべての部材の安定的な供給体制や原価管理、メンテナンス体制に至るまでの「標準化のプロセス」が必要不可欠ということです。

さらに言えば「商品」としての〝魅力〟を持たせるためには、ある程度のサプライズも求められます。これは「商品」としての住宅においても何ら変わるものではありません。市販されている部材のみを使って、無理のない納まりだけで構成したのでは、つまらないものしかできないでしょう。そうした要素も考慮に入れながら、すべてのバランスを取って全体をまとめていく作業が「商品開発」なのです。

私が考える、商品を商品として成り立たせるしくみ全体を「業務改善・商品開発マップ」に示しました（次ページ参照）。

「商品開発」とは、ここに書かれたすべてを作り上げていくことを指します。

このすべてを充分に作り上げていくのには2年ほどかかってしまうでしょうから、初めは必要最低限のポイントに絞りながら、商品としてまとめていくことになります。そうした方法で実施していくと、私の経験では6～9か月で商品として発表できるところまで持っていけるでしょう。

――「しくみ」を作れば商品開発のスピードは格段に上がる

もう少しマップの解説をします。実は、私は工務店のお手伝いをするときに、商品を開発するという目標が当面ない場合も、このマップにしたがって、業務改善の実務作業を社員の方々にしてもらいます。

つまり、このようなしくみを構築するということが住宅会社として普遍的に必要なことと考えているからです。

▷商品を商品として成り立たせる「業務改善・商品開発」マップ◁

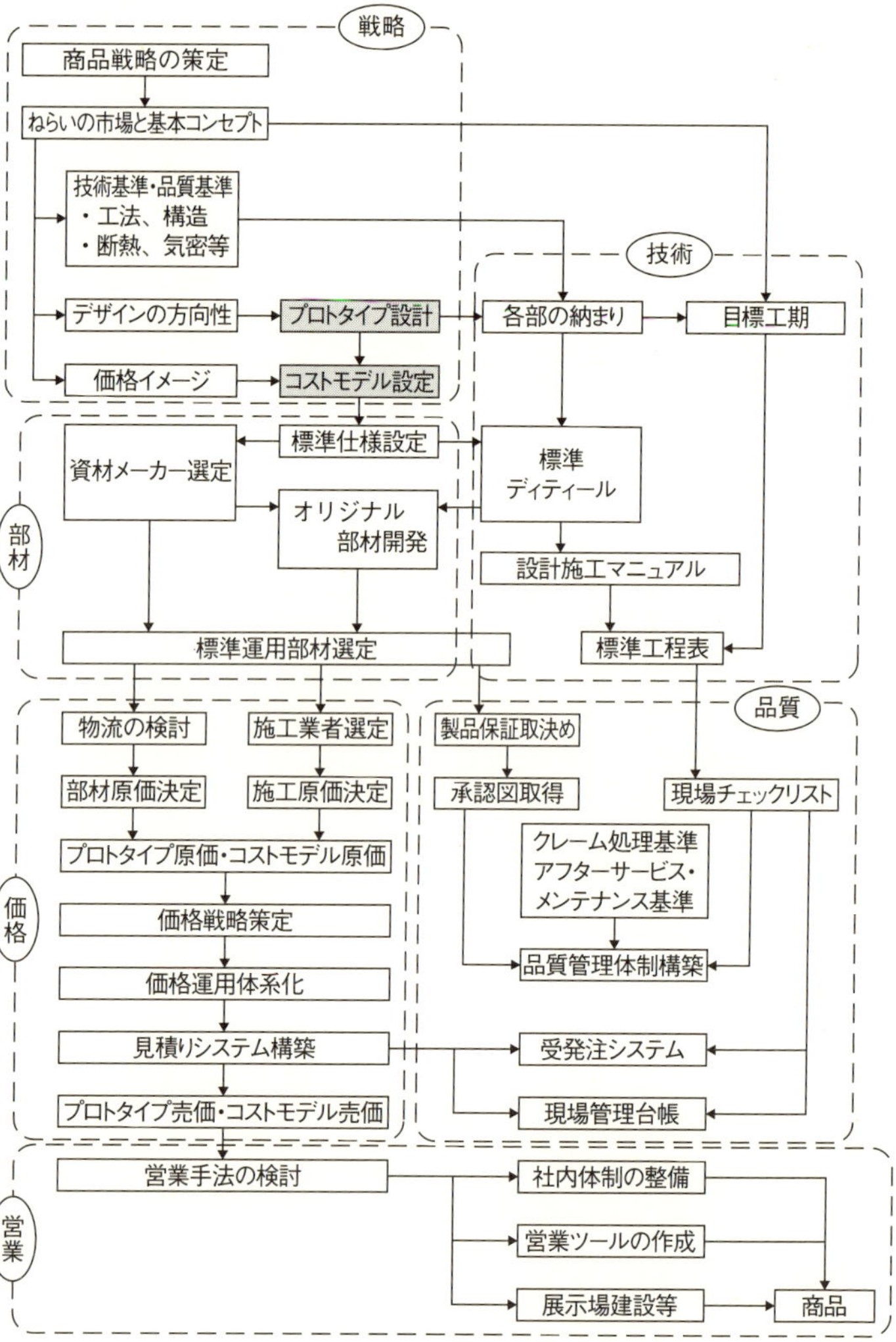
戦略
商品戦略の策定
ねらいの市場と基本コンセプト
技術基準・品質基準
・工法、構造
・断熱、気密等
デザインの方向性
プロトタイプ設計
価格イメージ
コストモデル設定
技術
各部の納まり
目標工期
標準
ディティール
設計施工マニュアル
標準工程表
部材
標準仕様設定
資材メーカー選定
オリジナル
部材開発
標準運用部材選定
価格
物流の検討
施工業者選定
部材原価決定
施工原価決定
プロトタイプ原価・コストモデル原価
価格戦略策定
価格運用体系化
見積りシステム構築
プロトタイプ売価・コストモデル売価
品質
製品保証取決め
承認図取得
現場チェックリスト
クレーム処理基準
アフターサービス・
メンテナンス基準
品質管理体制構築
受発注システム
現場管理台帳
営業
営業手法の検討
社内体制の整備
営業ツールの作成
展示場建設等
商品

ある程度のところまでしくみができてくると、商品開発のスピードはアップし、技術開発は目的が明確になって進むべき方向や方法が見いだしやすくなってきます。

はじめに、基本コンセプトから技術基準・品質基準を決定します。これはすべてのもととなる事柄ですから、検討の席上には経営トップが参加しなければなりません。

内容としては工法、構造、構造材の種類や品質基準、基礎の形態、気密、断熱のレベルや構成方法、サッシなど外部建具の性能等級、そして基本モジュール*です。

この基本事項の決めごとは、自由設計だからといって物件によって変更してよいというものではなく、すべての物件で守られなければならない事柄です。

お客様の予算や希望に合わせるためといって、このような基本事項まで物件ごとに変えてしまうことが見受けられますが、それはまずいのです。

お客様は素人ですから、どこかで聞きかじった生半可な知識で、困った要望を出されることもありますが、きちんと説明してわかっていただくことも、家づくりのプロとしての責任です。

たとえば、モジュールについてですが、一般的な910㎜（3尺）のモジュールを採用したとします。お客様のなかにはメーターモジュールで作りたいということを言われる方もいるようです。

モジュール
モジュールは建物を設計する際の長さの単位。もっとも一般的なのが910㎜モジュール。畳一枚は1モジュール×2モジュール。8畳間は16平方モジュールとなる。いろいろな建材もこれを単位として生産されている。住宅の現場ではいまも尺貫法が生きているのだ。

「メーターモジュールの広い家」といった、消費者が誤解するような表現を使ったチラシや宣伝を目にすることもあるので、このような要望が出てくることもあるのでしょう。

こうしたお客様には、モジュールとは長さの単位であって、メーターモジュールで作ろうが910㎜モジュールで作ろうが30坪の家は30坪、100㎡であり、広さに違いはないこと。1モジュール幅の廊下や階段を比べれば、メーターモジュールは幅広廊下と言えますが、モジュールは1／2、1／4などにも変更できるため、910㎜モジュールでも1・25モジュール幅の廊下や階段を設計すれば、ゆったりした廊下を作るのに何の支障もないこと、などを説明します。

このようにモジュールについては技術的な意味での決定的な違いはありませんが、私自身はメーターモジュールに何のメリットがあるのかわかりません。

日本で販売されている建材は910㎜モジュールが基本となっていますから、メーターモジュールを採用すると、どうしても材料の歩留まりが悪くなって、無用のコストアップに繋がります。また、大半の住宅には和室がありますから、メーターモジュールで和室を作ると、無理に板敷きの箪笥置き場を作ったり、見ていて何か気持ちの悪い、妙なサイズの畳があったりして、どうもしっくりしません。

いずれにしてもモジュールによって住宅の基本品質に影響が出ることはないわけですから、会社としてどのモジュールを採用するか決定することが重要なのです。

なぜなら技術基準、品質基準が決まらなければ、標準ディティール*が作れないからです。標準ディティールや標準部材がなければ、原価の算定はできません。正確な原価把握ができなければ価格政策などありようがないのです。

これらすべての前提となっているのが技術基準、品質基準なのです。

事業展開を図るうえでも「しくみ」作りは役に立つ

マップのなかにプロトタイプとは別にコストモデルの設定という部分がありますが、これについて少し述べておきます。

プロトタイプというのは「商品」の代表例として対外的に発表するものですから、一定のサプライズが必要です。コンセプトをより際立たせるためには、大きな空間構成にしたり、インナーガレージを大きく取ったり、というようなこともあります。また、違う外観イメージのモデルが1年後に発表されることも考えられます。つまり、商品としての魅力を持たせるために、いろいろなものが加わっているのです。

しかしこれでは1棟あたりのコストが実際にいくらになるかわからなくなってしまいます。そこで、ごく普通のプランとして設定されるのがコストモデルです。

標準ディティール
標準部分詳細図のこと。要点となる箇所の「取り合い」の「納まり」を決めておくこと。

新しい素材や施工方法などをコストシミュレーションする場合は、いくつかのコスト試算用のプランを用意しておいて、常に同じプランを使って計算できるようにしておく方がよいのです。

コストモデルは自社のもっとも売れ筋の床面積で、かつあまり特殊な部分のない、平凡なプランを選んで決めておきます。床面積についてはその前後プラス5坪とマイナス5坪の3プラン程度設定しておけば充分です。これがあれば、新しい仕様のコスト検討をする際に、1棟あたりいくら上がる、いくら下がるということが、常に明確な条件下で検討できます。

マップにあるようにこれらのものを用意してから、標準仕様の検討を行ない、常にコストモデルを使って価格イメージとの整合性を図っていくのです。

以下、業務改善や商品開発をどのように進めていくかはマップを見れば、だいたいのイメージはつかめると思います。重要なことは、すべての項目が相互に密接に関係していて、それぞれが単独では機能しないということです。

商品だけに留まらず、住宅会社としての事業展開を図っていくうえにおいても、このようなしくみを構築していくことが必要です。

企画を支えるしくみがあって、初めて商品が商品となるのです。

2 プラン集は役に立たない

規格住宅には不可欠の営業ツールだが…

営業ツールの定番の一つに「プラン集」というものがあります。間取りを描いた平面図をプランといいますが、「商品」を作ると建物の大きさ別にいくつかのプランがまとまります。これを集めたものが「プラン集」と言われるものです。私も過去にたくさんのプラン集を制作してきました。

商品開発を始めて、プロトタイプの設計がまとまると、そのデザインコンセプトや設計条件などをすべて反映させたプラン集作りを行ないます。

プラン集作りの定石は、まずターゲットとする市場の地域性や想定する家族構成、プランコンセプトなどを考慮しながら、延床面積の最小値と最大値を設定します。

次に、その最小床面積と最大床面積の間を5坪程度のピッチで何段階かに分けます。これで横軸の要素の出来上がりです。

敷地の接道方向の想定から玄関の位置別に南入り、北入り、東（西）入りの3種類と、これに東西に長いタイプ、南北に長いタイプなどの要素を加えて縦軸を作ります。

横軸と縦軸で一覧表を作れば、これがいわゆるプランマトリクスです。あとはこのマトリクスを埋めるようにプランを作って価格表を用意すれば、プラン集の出来上がりとなるわけです。

このプラン集というのは、1970年代後半から80年代前半の大手プレハブ各社による規格（企画）住宅全盛時代に生まれ、現在でもいろいろな住宅会社やフランチャイズなどで見かけます。

以前はこれに仕様によるグレードがデラックス、カスタムなどという名称で何段階も用意され、まるで自動車のカタログのようなイメージがありました。

住宅展示場というものが出現し、カタログやプラン集によって住宅を販売するというのは、当時としては画期的なことであり、これによって規格住宅時代が始まったのです。

いまでもプラン集は、「ローコスト住宅」などにおいてはなくてはならない重要な営業ツールです。しかし、中高級の「商品住宅」市場では役に立ちません。

中高級の注文住宅を検討されているお客様は、一般的に「我が家のための設計」を望まれています。

自分たちの持っている、新しいすまいに対する夢を語り、いろいろな事情を充分に理解してくれた設計士が、自分たちだけのために設計してくれることを望んでいるのです。

どこかに、我が家とまったく同じ家が建つかもしれないというのは、あまり楽しいことではありません。

お客様に夢の実現としての家づくりを楽しんでいただく、という姿勢が重要です。

もし、プラン集を作るとしたら、それは設計業務の合理化を目的とした社内資料として作るべきでしょう。そのなかのプランを使ってお客様に提案するときは、改めて手描きでトレースをして「あなたのための設計」を演出してください。

3 自由設計のはずの注文住宅に「商品」はなじまない？

「なんでもあり」が自由設計なのではない

中高級の注文住宅というのは、言うまでもなく自由設計が基本です。そこで、もし自由設計が前提であるなら、これまで述べてきたような「商品」という形態にまとめる必要があるのか、という議論があります。

私は「必要である」と考えています。

自由設計とは「なんでもＯＫ」ということとは違うからです。一定の基準のもとに建物の形や間取り、仕上げ材料などを自由に設計するということです。一つひとつの建物の形は違っても、そこには会社としての家づくりに対するポリシーが現れていなければなりません。

どんな家づくりをしている会社なのかをわかっていただく方法として、コンセプトや性能、品質といったことを、言葉だけでなく具体的な形として伝えるためには、「商品」という形態にまとめて、見ていただくことがきわめて有効な手段だからです。

自由設計の商品を作るときに注意を要するのは、その商品の商品名を仮に「太郎」としたときに、その定義を明確にしなければならない、ということです。

何をもって「太郎」とするかという定義の範囲は、会社の方針や今後の商品戦略によって違いが出ます。

今後の会社の代名詞として、家づくりのポリシーを表す商品名にしていこうというのであれば、定義の範囲は工法、構造、構造材の種類、断熱方法、断熱・気密のレベルなど、住宅の基本性能に関わる部分に留めておくとよいでしょう。

この場合、プロトタイプとして造った住宅が2階建てのモダンタイプであったとしても、平屋の

「太郎」や3階建ての「太郎」、和風の「太郎」もあれば、南欧風の「太郎」もあるということになり、「太郎」の意味する範囲は大きなものとなります。

そしてこのような定義をした場合には、「当社は今後、太郎だけを販売する会社となる」というトップによる明確な意思表示が必要となります。

どんな会社かわかっていただくもう一つの方法は、外観デザインや間取りの特性、あるいは一部の仕上げ材などを定義に加え、「太郎」の定義をより限定してイメージを際立たせるやり方です。

この場合は「太郎」に続き、和風タイプ「次郎」や2世帯住宅「三郎」を営業状況に合わせて、順次発表していくことになるかと思います。

ただし、「太郎」も「次郎」も「三郎」も住宅の基本性能に関わる部分は共通にしておく必要がありますから、その共通する部分を表すシリーズ名を付けたり、独自の工法名を考えたりします。

ずいぶんと細かいことを言っているようですが、モダンタイプのデザインの住宅「太郎」を発売して、お客様が望まれたデザインが南欧風だった場合に、社員によって「これは太郎の南欧風デザインです」と言ったり、「これは太郎ではありません」と言ったりしてはまずいのです。

「商品名」にかぎらず組織として事業を行なっていく際には言葉の定義が重要です。「諸経費」と「諸費用」の違いや「アフターサービス」と「メンテナンス」の意味なども社内の共通認識としてはっきり決めておかなければなりません。

どのような定義にするかはケース・バイ・ケースで、自社に合った方法を選択すればよいのです。いずれにしても定義を明確にしておかないと、社内で無用の混乱が起こり、トラブルがお客様の迷惑となったり、営業上のマイナスとなってしまいます。

標準仕様があるからこそ自由設計ができる

さて、自由設計ということと、品質基準などのさまざまルールや標準仕様の設定などとの関係について、誤解をされている人もいるようなので、少し解説したいと思います。

いろいろとルールを作ってしまうと、そのルールによって自分たち自身が縛られて、自由なことができなくなってしまう、と考える人がいます。

そういう人に標準仕様を見せると「自由設計なのだから、そんなことは決めないでほしい」と言われたりします。

たしかに、ルールというものは、必要以上に増えたり複雑化してくると、そのこと自身が自由な活動を阻害する要因となることもあるでしょう。

しかし、基本となるルールや基準があるからこそ、自由な設計をしても品質が常に担保され、安定的な利益を得られるのです。

同じように標準仕様の設定も、自由設計の必要条件の一つです。標準仕様があるからこそ、商品のイメージが存在し、価格のイメージが掴めるのです。標準仕様があるからこそ、それとは違う仕様を選ぶ自由が、自由としての意味を持てるのです。

基準点が存在して、初めて自由が自由として定義されます。

シンプルで明快な基準やルール、標準仕様といったものは、自由設計を支えるもっとも重要な要素であり、自由を表現するための大切なツールなのです。

ある工務店の業務改善を進めていた時のことです。

それまで、その工務店では室内の造作材や建具を地元の建具屋さんにオーダーメードで作ってもらっていました。室内ドアは、表面の樹種はタモですが、天然のタモ材を薄くスライスした突板《つきいた》を合板に貼り、中空の骨組みをサンドイッチした構造のいわゆるフラッシュ戸です。製品の精度も良く、きれいで、なかなか良いものでした。しかし、原価管理に問題があり、いつも予算をオーバーしているのです。

そこで、部材一つひとつの原価を確定させ、正確な予算を計算できるようにしましたが、かなり高いものにつくことがわかりました。

その計算作業と並行して、無垢材の造作、建具のメーカーとの打ち合わせを進めた結果、無垢材のメーカー製品にしたほうがコストが下がることがはっきりしたので、標準仕様をまとめる際に無垢材のものを標準としたのです。

私を含め改善に取り組んでいたプロジェクトメンバーは、突板フラッシュ戸から無垢材の框ドアにグレードアップし、品質の安定度も増してコストも下がる、という結果に満足していたのですが、営業マンの一部から不満の声があがりました。

「前は無垢の材料をたくさん使えたのに、使えなくなって残念だ」

というのです。私はびっくりして、

「今度、標準に決めたものが無垢材のドアで、前のは突板のフラッシュ戸です。しかも価格も前より下がっているのだから、無垢材は今までよりも使いやすくなったんですよ」

と話をしても、どうも納得してもらえないのです。

「今までの造作、建具のほうが営業しやすいのであれば、今までのものを使っても何の問題もないですよ。自由設計ですから、標準はあくまで標準であって、変えるのはかまいません」

すると、その営業マン氏にこう言われてしまいました。

「以前の無垢（突板フラッシュのこと）を使うと、前より高くなってしまうじゃないですか。前は少々の変更があっても初めの予算で収めてくれたのに、これじゃ自由設計じゃないですよ」

結局、その場では、営業マン氏を納得させることはできませんでした。

お気づきのように、ここには大きな誤解が二つあります。

一つ目の無垢材の意味についてですが、木製品における「無垢材」の明確な定義はないようです。

途中で接いだり貼りあわせた部分などがまったくない、一本の木から切り出したものを言う場合もありますし、集成材の棚なども含めて「無垢材」ということもあります。

また、突板を貼った製品にしても、ベースが集成材など木材でつまっているものなども「無垢材」と表現することもあるようです。

しかし、中空の骨組みに合板を貼った構造のフラッシュ戸は、いくら表面に本物の木材のスライスを貼り付けても、「無垢材」と言うことはありません。

しかし、もっと問題なのは二つ目の自由設計という言葉の認識の誤りです。

くだんの営業マン氏の考えている「自由設計」というのは、お客様に初めに話した坪単価をそのままにして、ある程度の変更は、といってもこのある程度がいいかげんなのですが、その金額のなかで飲み込んでしまう、ということのようでした。私の認識では、これは「どんぶり勘定」と同じ意味であり、「自由設計」とは無関係です。

すべての原価を把握し、原価に見合った金額で販売するのはビジネスの基本ですし、自由設計というのは、形が変わっても常に基本品質を担保する技術力と、いろいろな変更があっても正確な原価をつかみ、迅速に価格算定ができる体制があって初めてできることであって、決してどんぶり勘定の何でもあり、という意味ではありません。

4 デザインは会社の命運を左右する

――デザイナーに求められる能力

商品を開発するにしても、また展示場を造るにしても、そのデザインをどのようにしていくのか、誰に設計させればよいのかというのは、なかなか難しい問題です。

社内に優秀なデザイナーがいれば問題はないのですが、そうそういるものではありません。

商品や展示場の設計、デザインというのは会社の命運がかかっていますから、個別の物件のように特定のお客様に満足していただければ、それでよいというわけにはいきません。

このレベルのデザインは、やはり一定の才能を持った人でないと無理があります。

いくら過去に数多くの個人住宅を設計した経験があっても、いくら必死にやっても、Bクラスのデザイナーには所詮Bクラスの設計しかできません。

かく言う私も、一級建築士の資格を持ち、このような仕事をしていながら、設計業務を請け負うことはありません。自分の設計力は所詮Bクラスということを充分に自覚しているからです。ただ、設計の善し悪しを見る目は、長年の経験でそれなりには備えているつもりです。

私は工務店のお手伝いをするなかで、商品設計や展示場設計が必要になった場合には、私が信頼しているデザイナーを紹介して仕事に加わってもらいます。

やはり、社内に優れたデザイナーがいなければ、外部に求めるしかありません。

ただここで問題となるのは、どのようなデザイナーに、どのように仕事を依頼するか、という点です。

とくに問題なのは、いわゆる設計事務所の先生と呼ばれる方々のなかで、作品設計と商品設計がまったく違うものであることを認識している人が意外と少ないということです。

以前、九州の中堅の住宅会社のお手伝いをしたときのことです。

仕事を始めるにあたって、現場を見せてもらい、次に展示場に案内してもらいました。

なかでも一番新しいという展示場は、その地域ではそれなりに名の通った、外部の先生に設計していただいたそうで、特徴のある外観と、内部では合板の素地をそのまま仕上げとしたり、コーナー部分に大きな開口を作って、特注の木製サッシが使われていたりと、いかにも建築雑誌に出てきそうな空間になっていました。

会社に戻って、社長に感想を聞かれた私は単刀直入に答えました。

「あの展示場は作品としては良いできだと思いますが、御社の展示場としての評価はゼロです。あれは設計した先生の作品展示場であって、御社の展示場にはなっていません。

あの建物を見て気に入った人がいたとしても、御社に仕事を頼むというよりも、その先生に設計を依頼するということになるだけですよ。それに、あのような納まりでは基本品質はまったく担保できません。台風のときはたいへんじゃないですか」

もちろん、その先生も真剣に設計をしたことでしょうし、担当した社員はその意を実現すべく、懸命に仕事をしたであろうことは想像に難くないのですが、結果としては本来の目的を見失った建物となっているのです。

設計事務所において設計業務だけを経験されてきた方は、作品と商品の違いがわからない、標準化の意味が理解できていない、実際の納まりを知らない、ということが多いのです。

商品のプロトタイプや展示場の設計を外部のデザイナーに依頼する場合の条件をまとめると、以下のようなものになります。

・商品と作品の違いを理解している人
・標準化の意味を理解している人
・妥当なコスト感覚を持っている人

・納まりを、ある程度知っている人

もちろん、これらのことに実務レベルで精通している必要はありません。認識をしていただいていればよいのです。これらに対する意識があまりに強すぎると、商品として必要なインパクトのあるデザインや空間構成にチャレンジできなくなってしまうからです。

つまり、少々無理のある設計を、標準化技術で実現していくというのが、工務店の技術者の仕事であり、それがなければ魅力ある商品などできないのです。

標準化技術で実現していくのは、何も市販されているルート製品しか使えない、ということではありません。私が考えている住宅における標準化技術というのは次のようなものです。

・必要とされる性能、品質が担保されている
・納まりの合理性がある
・設計・施工体制が整っている
・安定供給が担保されている
・妥当かつ安定的なコストである

これらを担保した部材を使って住宅を造る技術ですから、ルート製品にかぎらず、工夫の仕方でいろいろなことが可能です。

外部のデザイナーに設計を依頼する場合に、もう一つ必要なことを付け加えると、依頼するのは

基本設計と展示場の場合のインテリアコーディネートまでに止めておくということです。

各部分の詳細な納まりなど、実施設計レベルのことは社内基準にもとづいて社内の技術者が作っていかなければ、自社の固有技術とはならないからです。

個別物件のデザインをどうするか

次に、このようにして作った「商品」が売れ、実際に個々の物件の設計をしていく際のデザインをどうしていくか、という点についてお話しします。

プロトタイプの設計がまとまったところで、デザインや平面計画のなかで、「商品」としての特徴づけをしていくポイントを整理しておきます。

基本的にはそれらを意識しながら、社内の設計担当者が個々の設計を行なうのがベストですが、とくに高額の物件など、場合によってはプロトタイプをデザインしたデザイナーに基本設計を依頼してもよいと思います。

デザインというのは技術的な側面と違って明確な基準やルールを設定することができません。結局は人を中心とした管理をする以外に方法がないのです。

私がかつて在籍した大手ハウスメーカーでもデザインの基準は人でした。二つの系列の設計部門にそれぞれデザインを統括する責任者が一人ずついて、全国の展示場や新商品、新部材などデザインが関わるものはすべて、その責任者の承認がなければ実施できないというルールになっていました。

ですから、もう一つの方法として、個々の物件のデザイン面の監修とチェックを、その商品の設計を担当した外部デザイナーに依頼するということも考えられます。

ただ、どのような方法を採るにしても、商品性のある、優れたデザインかどうかという判断は自分たちで下すしかないわけですから、デザインを見る目を養い、市場全体のデザインの動向には常に関心を払っておく必要があります。

市場のデザイン動向は雑誌などを見ることでもある程度の把握はできますが、外壁材のメーカーやサッシメーカーなどでは、かなり綿密な調査を行なっているところもあるので、定期的に依頼してそれらの調査結果などをレクチャーしてもらうという方法も有効です。

もちろん、これらを依頼したり、またそのような調査を行なっているという情報を得るためには、メーカーとの良好な関係が維持されていることが前提となります。

外部の力を利用することも有効な手段ですが、全部おまかせであってはならないのです。

これから家を建てる人へのアドバイス

自由設計の注文住宅という分野において、「商品」というものの持つ意味というのは少々わかりにくいかもしれません。

自動車や家電製品であれば、「商品」というもののイメージははっきりしていますが、自由設計の住宅の場合、一つひとつの実際の建物は施主の希望や敷地の形状、大きさなどの条件に予算という制約を加えて設計していくものですから、本来、決まった形というものがありません。

しかし、間取りや床面積の規模、外観デザインなどが変化しても、一定の機能、性能、品質を担保し、商品としてのコンセプトを実現していくことは可能です。

そうした家づくりにおけるその会社の考え方を具体的な形にして見せるものが、自由設計における「商品」ということになります。つまり、具体的に見えているモデルハウスやパースなどの外観、間取りは具体例としての代表選手という位置づけなのです。

時折見かけるお客様のパターンですが、自由設計商品のモデルハウスを見に来て、その建物の間取りを吟味している方がいます。モデルハウスの間取りは単なる一例にすぎないのですから、間取りの好き嫌いでその商品の善し悪しを判断してもまったく意味はありません。

住宅に「商品」という概念が取り入れられるようになったきっかけは、１９７０年代のプレハブ住宅メーカーによる規格住宅の発売に端を発しています。

当時のモデルハウスは「この間取り、このデザイン、この仕様でいくら」というものでした。自動車や家電製品のようなわかりやすい表現が、住宅という分野においては画期的な販売方法となって、またたく間に全国に規格住宅の展示場ができていきました。

この時代のモデルハウスは間取りそのものも商品の構成要素でしたが、時代が変わり、現在は中高級の住宅は基本的に自由設計が主体となっていますので、モデルハウスの持つ意味も「商品」の持つ意味も変わってきているのです。

自由設計における「商品」やモデルハウスは、その会社の家づくりのポリシーやコンセプト、住宅の機能、性能、空間構成力、意匠性といったことなどをお客様に伝えるための表現手段としての存在ということになります。

章の最後に「商品」やモデルハウスを見たり、具体的に家づくりを計画する際のポイントを一つお話しします。

住宅は「シンプル・イズ・ベスト」です。20年、30年、50年という生活を送る中ではさまざまな変化があります。家族構成の変化、年齢の変化、ライフスタイルの変化などですが、これを支える舞台となるのが住宅です。

変化に対する対応力は、シンプルなものほど大きくなります。これは間取りにしても外観にしても同じです。

単純化された形ほど構造的にも少ない材料で強固な建物が造れますし、壁や屋根もできるかぎりシンプルな形にしたほうが雨漏りや内部結露などの問題が起こりにくくなります。コスト・構造強度・性能・使い勝手・すべての面で住宅はシンプルであることがよいことなのです。

ただ、あまりシンプルな形は高級感が出ないのでは？　と思われがちです。

たしかにデザイン力のない設計者がシンプルな家を設計すると倉庫のような外観になってしまうこともあるのですが、シンプルでありながら、魅力的なデザインをすることこそ建築デザイナーの腕の見せ所なのです。

4章

コストダウンは「標準化」で実現する

住宅を構成しているというのは骨組みを作っている構造材から屋根、外壁、床、壁、天井の仕上げ材、それら仕上げ材の裏に隠れている各種の下地材料、そしてシステムキッチンやバスユニットなどの住宅設備品に至るまで、実に多くのものが使われています。さらに、それらの工事を行なう職人の手間を考えると、住宅の価格というものがどのように構成されているのか、一般の人にはなかなかわかりにくいものです。

作り手である工務店にとっても、これらすべての原価を管理し、経営に必要とされる利益を安定的に得ていくのは、なかなか骨の折れる仕事です。

これを確実に実施し、なおかつお客様にわかりやすい価格体系を作っていくことは、会社経営の根幹とも言えるものです。そのキーワードが「標準化」です。

1 「安ければ安いほどよい」は間違い

——必ず利益をあげる現場監督はもういらない？

工務店とのおつき合いのなかで、時々、次のような言葉を耳にします。

「現場監督の仕事は利益を出すこと。実行予算より少ない金額で工事を上げるのが優秀な監督」

「値引きをして無理な金額で契約してしまっても、業者に『この現場は予算が厳しいから今回はこの金額で何とかしてくれ』と協力を依頼し、利益をちゃんと確保するのが優秀な監督だ」

はっきり申し上げて、これらは大きな間違いです。もし、このような考えをお持ちの方がいたら、本日、只今、捨て去ってください。


これをやっているかぎり会社の利益は安定しません。コストは下がりません。品質は担保できません。人は育ちません。結果、経営はいつまで経っても苦しい状態から抜け出られません。

一つひとつの現場の収支だけを見ていると、経営者や責任者は、ついこのような見方をしたくなるものですが、これがとんでもない間違いなのです。

ベテランで業者に睨みの効く監督の現場は、確かに利益が上がっているように見えるでしょう。逆に気が弱い監督や経験の浅い監督の現場は、予定の利益が出ていません。

でしたら、監督みんなが業者や職方をうまく使えるようになればいい、と思うかも知れませんが、なかなかそうはいきません。

仮に、うちはベテランの監督が揃っているから大丈夫と思っていても、これがますます危険なのです。

ベテラン監督が担当しようが、新人監督が担当しようが、工事は予定の性能、予定の品質の住宅を、予定のコスト、予定の工期で間違いなく完成させるというのが、住宅会社の責任です。**お客様にとっては現場監督の熟練度など関係のないこと**です。

仕事を請ける側の業者や職方からすれば、金額に厳しい監督の現場でのマイナス分は他の現場で余分に取ってカバーするのは当たり前です。そして、渋い監督ばかりが揃っているのであれば、金額に見合った適当な仕事で済ませ、数をこなしていかなければ生活できません。

また、こういう会社の原価管理は、厳しいようでいて実は甘いというケースが多く、ベテラン監督はそうした部分をよく知っていて、いわゆる「貯金」をいろいろな工事項目のなかに持っていることが多いのです。

そのような評価しかできない組織のなかで生きていく以上、それも致し方のないことですし、その「貯金」を上手く使って帳尻を合わせるのが、ベテランの「ノウハウ」のように考えられていたりします。

きちんとした原価管理ができていない会社では、こうした帳尻合わせの上手い現場監督を高く評価する傾向が強いようですが、これではいつまで経っても企業としての成長は望めません。

工事のすべての材料費、施工費は会社として一つに決めなければなりません。

コストは一つ。一物一価《いちぶついっか》です。

こう言うと、こんな反論が出てきます。

「もちろん単価はすべて決めてありますけど、ケース・バイ・ケースでいろいろあってもいいんじゃないですか。それに会社で決めている単価を上限として、現場単位でさらにコストを下げれば、もっとコストダウンができますよ。スケールメリットを生かして各現場でも交渉すべきじゃないですか」

しかし、これでは単価を決めていることにはならないのです。また、たとえ年間数百棟のスケールがあったとしても、これではスケールメリットを生かすどころか殺してしまいます。

なぜなら、業者や職方は会社との単価決めの際、現場ごとに値切られることを前提に交渉せざるを得ませんし、それが許されない状況であれば、単価に見合った適当な仕事をするということになってしまうからです。

──相見積もりを取って安い業者を選ぶのは愚かな行為

一方、一般の方々の住宅会社選びの方法として、複数の会社から相見積もりを取って、安いところを探すといった方法が、いかにも賢い選択であるかのような言われ方をされますが、作り手側からすれば、これが実に愚かな行為だと感じている人も多いのではないでしょうか。

自動車や家電製品のように完成品の売り買いであれば、消費者にとっては安いほど良いということはいうまでもありませんが、注文住宅のような請負契約ではそうはいきません。

未だ存在していない、これから造るものに対しての契約ですから、作り手側からすれば、大幅な値引きを余儀なくされれば、値引かれた金額でも収支が合うように仕事をしたとしても不思議ではありませんし、それをチェックすることは素人にはほとんど不可能です。

私は仕事柄、一般の方々を相手に講演させていただくこともありますが、そうした際にはいつもこの辺りの話をさせていただきます。

相見積もりを取ること自体は良いことですが、それは見積り書の形態や内容が信頼に足るものかどうかを見極めるためのものであって、決して総額の高い安いを比較するためであってはならないのです。むしろ法外な値引きを住宅会社側から申し出てきたりしたら、信用できない会社と考えた方が良いことなどを話します。

また、仮に「まじめな値引き」をする会社であったとしたら、そうした会社は経営に必要な利益率を充分に認識できていないか、あるいは、わかっていてもしゃにむに契約を取らなければいけないほど切迫した状況なのかはわかりませんが、先行きに不安があり、数年後に会社が存続しているかどうかもわかりませんから、どちらにしても消費者のためにはならないといったことも話します。

ここでこのようなことを述べたのは、この住宅購入者と工務店の関係は、工務店と業者や職方との関係と同じだからです。

工務店が業者や職方へ発注する仕事も請負仕事ですから、無理な減額要請が良い結果を生まないのは同じことです。

コストダウンとは、発注者側の強い立場を利用して下請け業者や職方に安い単価を飲ませることではありません。それでは耐震強度偽装事件と同じです。

住宅会社と資材メーカーや下請け業者、もちろん職方にも強い信頼関係が必要なのは当然ですが、そのために一番重要なのは「決めたことは守る」ということです。

住宅そのものもそうですが、安ければ安いほど良いということはないと考えます。ものでも仕事でも適正価格があるのです。お金を払う側が偉いわけではありません。支払う金額、受け取る金額は価値創造に対する対価ですから、本来対等の取引であるということを忘れてはいけないはずです。

では、具体的にどのようにして単価決定をしていけばよいのでしょうか。正しいスケールメリットの生かし方とはどのようなことを言うのでしょうか。次項で述べてみます。

2 部材費は現場で勝手に値切らない

■——メーカーの担当者と直に話し、標準採用の約束をする

まずは資材や設備など、物の単価についてですが、よく工務店に行って話を聞くと、新しい材料を探したり、価格を調べたりするときに、ふだん取引窓口となっている建材販売店の担当者に電話をして済ませるというパターンが見受けられます。現場への資材の手配などはそれでもよいのですが、取引単価の折衝の際には、最終的な商流や物流が、どのような形態になろうとも、販売店の担当者ではなく必ずメーカーの担当者と直に話すようにしてください。

もちろん、最終的な単価の見積り書は決定された商流にしたがって、直接の窓口となる建材販売

店や建材商社から出てくることになるのですが、もととなる資材メーカーが取引の条件を認識することによって、価格条件が変わってきたりするからです。つまり、担当者レベルで販売店に「あれはいくら?」ということを聞くのではなく、大元であるメーカーに対し、会社としての正式な依頼として見積書の提出を求め、価格折衝を行なう必要があるのです。

そのためには会社としての取引条件、つまり一現場のための見積りではなく、標準品として恒常的に使用するための価格であることを明確にしたうえで検討を依頼します。したがって、その際資材メーカーに伝えるべき内容は次のようなことになります。

・標準仕様の見直し作業中で、各社の製品の内容や納入価格を調べていること
・標準採用となった場合は、原則として1年間は仕様を変更しないこと
・自社の年間着工棟数および対象となる建物の数（前年実績または本年計画棟数）
・新製品の情報や技術情報があったら合わせて教えて欲しいこと

また、システムキッチンのように、標準を決めていても、お客様の要望によって変わってしまう可能性のあるようなものについては、その旨をはっきり伝えておきます。大風呂敷を広げたり、うそを言ってもすぐにバレますから、正直に話します。

直接の取引ができないメーカーの場合は、商流をどのようにしたいかを聞いてきます。現在使っている商流を利用したい場合はその旨を伝え、特にこだわりがなければ、それも含めて提案してい

ただくようお願いします。

このような過程を経て提示された部材原価を整理していくと、往々にしてそれまで建材販売店とだけ話をしていた場合よりも、価格が下がるものが出てきます。私の経験では20ポイント以上の差が出たものもあります。

それは建材販売店の怠慢や儲け過ぎが原因ではありません。**メーカー側にとって標準採用の約束というのは、仮に棟数が数十棟という数であっても、非常に魅力のある話**だからです。企業規模が大きくなくても、会社としての「標準採用」という言葉は、それなりに力を持っています。

このようにして、発注が予想される量とその確実性の度合いをはっきりさせたうえで、会社対会社の取り決めとして取引単価を設定していくことが、いわゆるスケールメリットを生かすということなのです。一つの物の取引価格は一つ、一物一価が原則です。

ですから、取り決めた単価を現場単位で勝手に値切ったりしてはいけません。「約束は必ず守る」「浮気は決してしません」という会社としての姿勢が重要なのです。

会社の業績が思うように伸びず、それが原因で予定の出荷量に達しない場合でも、メーカーから話が違うと言われることはまずありません。むしろ、協力できることはありませんか、といった姿勢を示してくれることのほうが多いのです。

しかし、現場によって恣意的に他のものを使ったり、特別値引きを要求するような約束違反があった場合は、次から真剣に検討してはもらえなくなります。

また、標準仕様およびその単価は年に一回、見直しをすることとして、その旨を各メーカーに表明しておくことも必要です。今回、不採用となったメーカーも含め、最新情報の入り口は常に開いておきたいからです。

3 職方の手間賃など施工費は話し合いのうえ明文化する

――妥当と思われる施工費を話し合いで決める

次に、職方の手間賃など施工費についてです。

これも細かい工事項目ごとに一物一価でなければなりません。そのためには各項目の数量の拾い方や項目のくくり方を整理する必要があります。

大手ハウスメーカーの場合、標準ディティールから作業標準を作り、各作業の所要時間を机上での計算と現場に出向いての実測から細かく設定していきますが、このやり方は中小工務店にはお勧めできません。

なぜなら、この方法は完全に漏れのない作業分析を行なうことが必要であり、そのためには専門の担当者が膨大な時間を掛けて分析する必要があるからです。

これも、生半可な知識で安易に取り扱おうとすると現場が混乱し、施工品質に悪影響を及ぼすことになります。

そこで中小工務店で施工費を算出する際は、大手と違って関係業者や職方の数は限られているわけですから、職種ごとに集まってもらい、妥当と思われる額を話し合いで決めていくのが一番です。

もちろん話し合いは会社側がイニシアチブを取らなければなりませんから、事前に原案を作っておく必要があります。

原案づくりは、各職種の工事項目ごとの、その地域における相場や職方の技量のレベル、また自社に対する依存率が高い業者や職方については、経営が成立する単価であるかどうかなどを考慮しながら、適正と思われる単価を設定します。

ここで、原案作りで一番議論の多い大工工事について、具体的に説明してみましょう。

大工工賃は一般的に坪単価で決めているところが多いようです。そして現場ごとに、施工が大変な部分や、特殊な部分については適宜、追加費用を支払うというところでしょうか。基本的な考え方は、それでよいと思いますが、ただ、これらを明確にしておく必要があります。
どの建物でも、必ず行なう工事内容を「基本大工手間」として明文化します。ある工務店での実例を示します。

［基本大工手間内訳］
・構造体組み立て
・金物締結、束取付
・下地工事
・断熱、気密工事
・外部建具取付工事
・造作加工取付工事
・階段、階段手すり取付工事
・カラーフロア貼り
・内部建具吊り込み調整
・玄関収納取付
・床下収納取付
・外部胴縁《どうぶち》取付

・大壁《おおかべ》和室造作工事
・内部養生
・その他軽微な雑工事

以上です。これに含まれない工事は「加算手間」として、リストアップします。その一部を紹介します。

［加算手間内訳］
・バルコニー施工手間
・真壁《しんかべ》和室造作手間
・無垢フローリング施工手間
・勾配天井施工手間
・急勾配屋根施工手間

これ以外にも30～40項目ぐらいはあると思います。これら加算手間項目は、項目ごとに単価の設定が必要です。

大工工賃は地域によっても、工法によっても、住宅の大きさによっても、また取り扱う住宅のグレードによってもまちまちですし、それぞれの会社によって、それまでの大工さんたちとのつき合いから来る相場のようなものもあります。

ですから、基本大工手間の単価設定については、工事部門の責任者を中心に具体的なプランを前にして、妥当と思われる大工手間総額を考え、それをベースに案を作ります。

建物の大きさによる単価変動を解決する

ここで問題となるのが、建物の大きさによる単価の変動を考慮する必要があるかどうかです。30坪の家でも40坪の家でも坪５万円でよいと言うのなら、それはそれでいいのです。

「いや、そうはいかないな。小さな家の場合は少し割り増しをしないと」というのが一般的ですが、この場合、よく見られるのが延床面積をいくつかの段階に分けて設定する方法です。たとえば、

30坪以下　５万５０００円／坪
30坪超35坪以下　５万３０００円／坪
35坪超40坪以下　５万１０００円／坪
40坪超45坪以下　４万９０００円／坪
45坪超　４万７０００円／坪

といった具合です。ただ、この方式はそれぞれの面積の境界付近では総額が逆転してしまいます。右の例ですと30坪の基本大工手間は１６５万円ですが、31坪では１６４万３０００円となってしまいます。

▷基本大工手間賃を算出するための方程式（例）◁

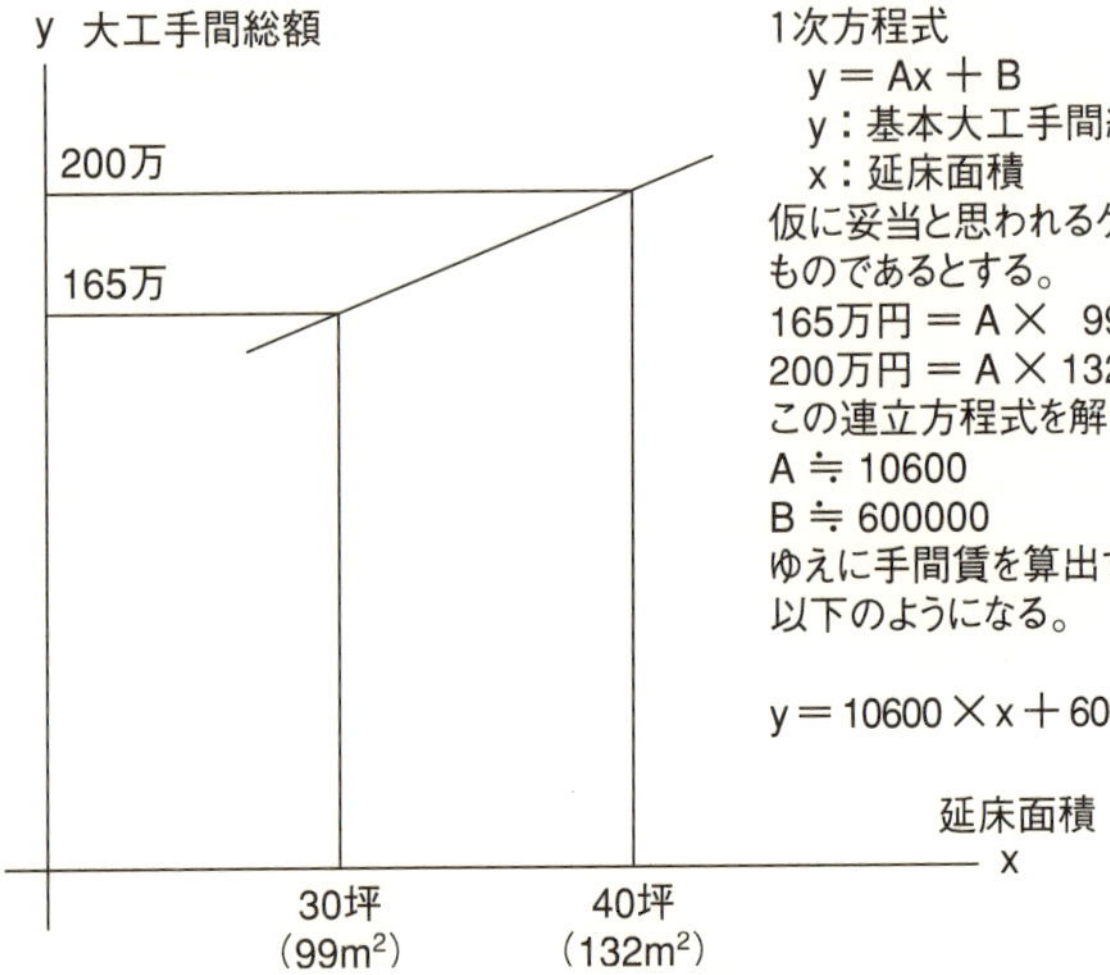

1次方程式

$y = Ax + B$

y：基本大工手間総額

x：延床面積

仮に妥当と思われるケースが以下のものであるとする。

165万円 ＝ A × $99m^2$ ＋ B

200万円 ＝ A × $132m^2$ ＋ B

この連立方程式を解くと、

A ≒ 10600

B ≒ 600000

ゆえに手間賃を算出する方程式は以下のようになる。

$y = 10600 \times x + 600000$

これをきれいに解決する方法は方程式を作ってしまうことです。方程式と聞くと、何やら面倒くさそうですが、簡単です。

単純な一次方程式　y＝Aχ＋B　を考えます。

yを基本大工手間総額、χを延床面積とします。

この際、面積は㎡表示としてみます。

次に大工手間総額の妥当な金額を面積の違う二つのパターンで考えます。

仮に30坪、99㎡で165万円、40坪、132㎡で200万円ぐらいが妥当と考えたとしますと、この二つのケースを先ほどの式に当てはめると、次のようになります。

165万円＝A×99㎡＋B

200万円＝A×132㎡＋B

この連立方程式からAとBを求めると、A≒10600、B≒600000が得られます。

これで、式の出来上がりです。

基本大工手間総額＝延床面積（㎡）×１０６００＋６０００００

これに他の面積をいくつか当てはめて妥当な金額になるか試してみて、必要に応じて修正を加えればよいのです。

この方法だと逆転現象は起こらず、面積による単価の違いが作れますし、計算も簡単です。また、これ以上複雑な方程式を使ったりすると、あとになってから意味がわからなくなったりするので、この程度がよいところでしょう。

このようにして施工費の原案を作成したところで職種ごとに集まって話し合いをします。この際、決定した単価で1年間取引をすること、現場単位での減額要請は決して行なわない旨を明言したうえで、充分に意見を言ってもらいます。

このような話し合いを行なった場合、原案を大幅に超えるような単価でなければ、話がまとまらないということは、まず起こりません。私の経験から言っても、概ね想定していた妥当な単価で決まります。

また、仮に施工費の減額要請を会社として行なう場合には、そこに合理的な根拠がなければなりません。たとえば、使用部材の改善や部品化、工場での事前組み立てなどによる現場施工工数の低減、施工の簡易な製品への仕様変更などです。

いずれにしても、業者や職方の合意のもと、施工費についても一物一価で取引価格を決めていきます。

＊　＊　＊

このようにして部材費も施工費も、すべて一物一価の原則を守って単価を決めていく作業は、地味でなかなか大変な仕事ですが、これが原価管理の標準化のベースであり、企業としての基礎体力作りに欠かせない作業なのです。

また、なぜかこのようにして単価をきめ細かく決定していくと、無理なコストダウンの要求などしていないのに、全体的に見ると工事原価が下がって来るという現象を私は現実に見てきています。

現場監督の仕事というのは、次の四つが基本です。

①安全管理
②技術管理
③予算管理
④工程管理

予算管理の業務のなかに、予定の工事で予定を上回る利益を上げることは含まれていません。**「予定の工事は予定の金額で実行すること」が一番良いこと**なのです。

もちろん、お客様との良好なコミュニケーションのもとで、追加発注や仕様のグレードアップによって利益を増やすという行為は、正しい業務遂行であり、賞賛されるべきことです。これらの方法で会社の売上げアップ、利益アップに貢献する監督は優秀な監督といえるでしょう。

4 なぜ予定の利益と実績に差が出てしまうのか

――見積書に会社の利益をきちんと反映させる

見積書はその作り方によって、会社の姿勢や信用度が垣間見えるものです。

さまざまな考え方があるでしょうが、私は販売価格についても一物一価の原則にもとづく明快で透明性のある形態が必要であると考えています。

今まで、いろいろな工務店の見積書を見てきましたが、会社の利益をどのように扱うかという考え方には大きく分けて二通りあります。

一つは必要とされる利益を全部の工事項目に一律に乗せて作る方法です。

もう一つは会社の利益を「諸経費」という項目で表示する方式です。

全項目に一律に利益を乗せるやり方というのは、実行予算ができたところで、それにそのまま利益を乗せるという方法ですから、計算もシンプルで間違えようがありません。

しかし、この方法で見積書を作っている会社は、往々にして予定の利益と実績とに大きな乖離が発生してしまいます。なぜでしょうか。

まず第一に、こうした形式の見積書がもっとも値引きを要求しやすい形だからです。企業である以上、利益がなければ経営が成り立たないことは子供にもわかります。どれだけ利益を乗せているのかわからない見積書を見れば、たぶんどこかに儲けが隠されているのだろうとお客様が想像しても不思議ではありません。

どんなに詳細な見積項目があっても、一つひとつの単価に対する信頼性が感じられないのです。住宅は他の商品と違って、金額の大きさや構成内容が多岐にわたることなどから、詳細な見積内訳書の提示は必須条件です。

そして見積内訳書を見せる以上、そこに示されている一つひとつの単価や全体の構成によって、お客様への信頼性をどのように表現していくかは企業戦略上、きわめて重要な事柄なのです。

「諸経費」は表示しなければなりません。そして「諸経費」の説明は、はっきりと「これが会社の利益です。私ども社員の給料でございます」と言うべきなのです。

会社の利益の所在を明らかにすることが、工事単価の客観性を表現するということに繋がっていきます。

工事の予算と実績とが乖離するもう一つの原因は、原価管理にあります。

原価管理に問題があれば、どのような見積形式であっても、予実績の乖離は出るのですが、とくに全項目一律利益方式をとる工務店は、価格管理に対する意識が低いようです。

原価についてのしっかりした基準を持たずに、現場ごとに業者の見積を取って、それに利益を乗せるというのは、一見単純で間違いがないようですが、価格の「調整」と言われる辻褄あわせが関係社員によってできてしまいますし、工事も基準や内容がはっきりしないために、仕事を請ける業者サイドの見積りもいい加減な場合もあって、工事が始まってからの追加請求などもよく発生することになってくるのです。

その結果「かかっちゃった経費」「できたとき工期」がまかり通ってしまうことになるのです。これでは予定の利益が確保できるはずがありません。

「諸経費」として計上する利益の割合は

一方、「諸経費」表示方式を採用する場合は、その諸経費をどの程度にするべきかという問題が発生します。

一番正直な方法は、すべての単価を原価表示として、利益は諸経費のみとするというものですが、これには大きな問題があります。各メーカーなどから出してもらった納入価格というものは、本来、相手企業にとって企業秘密とされるべき性質のものです。その秘匿は暗黙のうちにも当然の責務となります。

とくに、一般消費者が定価を容易に知り得る製品の場合、納入価格を公開することは相手企業の社会的信用にも関わる問題となってしまいます。

このような点も考慮すると、利益の一部を各項目に乗せ、残りを諸経費とするのが良い方法ということになるでしょう。

では、具体的にどの程度を諸経費とするべきでしょうか。

中高級の注文住宅をお求めになるお客様には知識レベルが高く、豊富な社会経験をお持ちの方が大勢いらっしゃいます。そうした方々のなかには会社の売上げ規模や社員数などから、会社としてどの程度の粗利益が必要か、検討がつくという方も少なくありません。

ですから、10％以下の諸経費では、逆に空々しい演出という印象を与えてしまうことになりかねないのです。

私はトータル粗利25～30％に対して、諸経費を15～20％とするのが妥当と考えています。つまり、総額2000万円、粗利益25％で500万円とすれば、諸経費20％表示として400万円となります。残りの100万円を各工事単価に乗せるということです。

諸経費表示に慣れていない営業マンなどは、この400万円の諸経費表示を、高すぎると言っていやがるでしょうが、お客様にきちんと説明できれば、問題のない金額です。

また、この諸経費の率は、次項以降に解説する一物一価の価格体系全体に影響しますので、始めの段階で充分に検討し、決定しておくことが重要です。

5 値引きされにくい見積書を作る

一物一価の価格体系にもとづく運用基準を作ろう

諸経費の率を決定すると、工事項目に乗せるべき利益が決まります。

これをもとに見積書を作るための単価リストとして、全工事項目の表示単価を決定していきます。

これによってすべての工事項目の、原価と販売価格を決定することになるのです。あらゆる部材費、施工費は、一つの原価と一つの販売単価を持つことになります。

これが一物一価の価格体系です。

この体系がしっかり出来上がると、お客様に提示する見積書、その根拠となる単価表、物件ごとの実行予算、原価管理、発注単価など、価格に関するすべての情報が一本のライン上に整然と並んできます。

これが価格運用基準です。

その具体的な価格運用基準作成の手順を、前述の例を使って解説しましょう。

はじめに住宅全体の販売価格と工事原価の関係について、少し述べておきます。

販売価格から必要経費を引いて原価を決めるのか、原価に利益を乗せて販売価格を決めるのかという議論がよくされますが、これは両方が必要なのです。

商品戦略の策定段階では、商品イメージとともに価格のイメージが必要ですから、概略の計画ができた時点では販売価格から導き出された仕様と目標原価が存在します。「売れる」商品のための販売価格から導き出された目標原価というのは常に厳しいものですから、そこで示された機能、性能、品質を確保しながら、目標原価を達成すべく、様々な工夫や努力を重ねるということになります。

しかし、そのような経過を経て、詳細を決定し、実際の販売価格や原価管理を行なう段階になると、逆に工事原価に利益を乗せて販売価格を導き出すという仕組みが必要となってきます。一物一価で

▷諸経費と単価利益の関係◁

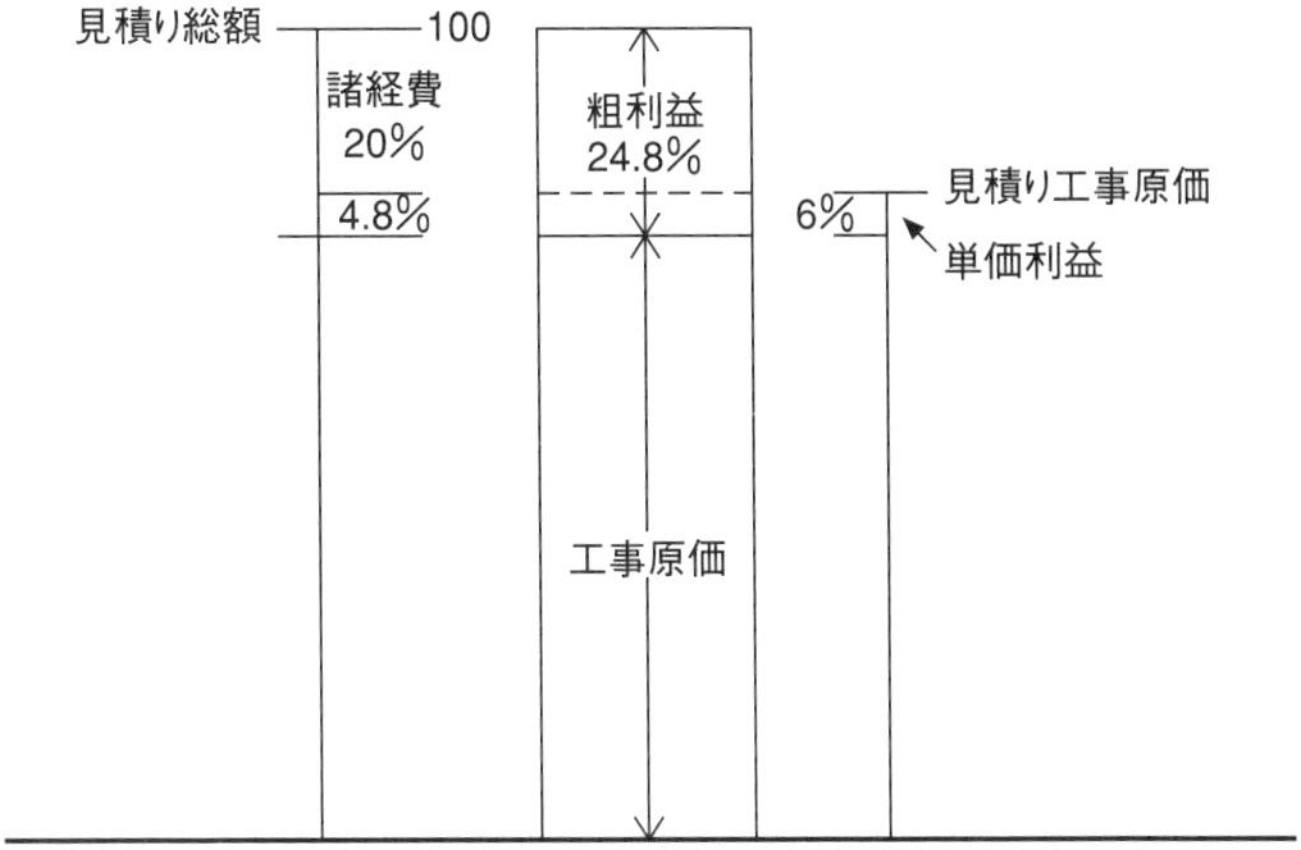

原価体系ができているのですから、物や工事の単価が変動してはいけないのです。

「目標販売価格」→「目標原価」→「実原価」→「実販売価格」という順序の設定作業になるのです。

その結果、導き出された販売価格が目標をオーバーしているとしたら、それが現状の実力値ということですが、そこに今後の目標とすべきテーマが出て来ます。

根拠もなく、原価を操作して帳尻合わせをしてはいけません。一物一価です。

したがって、ここで説明している価格運用基準作成という段階では、原価から販売価格が決まるということになります。

各工事項目の原価がすでに決定していますから、目標とする粗利から諸経費と単価利益を設定していくという作業です。

目標粗利25%以上、諸経費20%とすると、諸経費は工事総額に対する比率ですから、工事項目に乗せる利益は工事総額の80％に対するものとなります。したがって、工事項目単価利益を6％とすれば、粗利益は20＋6×0・8となり、24・8％です。同様に単価利益7％なら粗利益25・6％、単価利益10％で粗利益28％となります。

ただ、この6％、7％、10％といった単価利益を、全項目に一律に乗せてはいけません。

ここで、考慮しなければいけないのは、一般消費者が定価を容易に知り得る製品、たとえばシステムキッチンやバスユニットなどの設備品が中心となりますが、これらの単価表示についてです。基本的にこれらの表示単価は定価から決定するようにします。そのほうが営業的にもお客様に説明しやすいからです。つまり、定価の60％、あるいは55％といった線を下限として決定していきます。

こうして特定の項目の利益率を確定したら、残りの必要利益を工事種目別に配分していきます。この作業は具体的なプランを使って、シミュレーションを繰り返しながら行なっていきます。たとえば仮設工事は8％、基礎工事は9％、大工工事12％というように、種目別に利益率を決めていきます。

種目別の単価利益率が決まったら、すべての部材、すべての工事項目の見積単価を作ります。これらをまとめて、価格運用基準書として一冊のファイルにするのです。

工事項目は価格だけではなく、数量も積算算出基準として、すべて基準のなかに明記していきます。たとえば、基礎は長さで拾うのか1階の床面積で算出するのかといったことを、すべての項目

▷価格運用基準　ページサンプル◁
（社内管理用）

仮設工事

NO	名称	仕様	積算算出基準	材工	単位	金額	実行	単価利益	利率
1	外部足場損料2F		延床面積	材工	m^2				
2	外部足場損料3F		延床面積	材工	m^2				
3	養生ネット2F	6m×4方	(外周＋4m)×6m	材工	m^2				
4	養生ネット3F	8m×4方	(外周＋4m)×8m	材工	m^2				
5	下屋足場		水平投影面積	材工	m^2				
6	仮囲い		接道長さ	材工	m				
7	吹抜け足場		吹抜け実面積	材工	m^2				
8	屋根足場	6寸以上	屋根実面積	材工	m^2				
9	内部仕上げ養生		延床面積	材工	m^2				
10	仮設トイレ	軽水洗	1	材工	式				
11	仮設電気		1	材工	式				
12	仮設水道		1	材工	式				
13	機材損料 消耗品		延床面積	材料	m^2				

にわたって決めていくのです。

横軸の項目としては、名称、仕様、積算算出基準、材工種別、単位、見積単価、実行単価、単価利益、単価利益率などが必要です。

ただ、これをまとめていくと、サッシや階段、内部建具などはデータの量が膨大で、そのままでは、よくわからない資料になってしまうので、別途、マトリクス表に整理して見やすくします。こうすると、概ね80～１００ページ程度の資料としてまとめることができます。

さらにこの資料の冒頭に、総則、基本仕様、標準仕様、見積体系などを加えると、住宅販売に関わる運用基準が一冊にまとまります（巻末資料参照）。

この一冊が、言わば社内の憲法となるのです。これにもとづいて行動しているかぎり、予定の利益率が確保できないとか、現場によって利益率に差が出る、などということは起こらなくなります。

この価格運用基準書は実行単価までが表記されているので、社外秘の重要資料ということになりますが、この資料から、実行単価、単価利益、単価利益率を削除した資料を作り、全社員に持たせます。

これを、お客様に見積書を説明する際に携行して、見積項目一つひとつの根拠として、お見せすることによって、見積りの信頼性を高めることができるのです。

さらに、この基準書を充分に理解している社員であれば、変更による差額計算を、お客様の目の前で簡単に計算することもできますし、価格低減の要望に対しての仕様変更による減額提案も、その場で計算できます。

また、お客様との商談のなかで、ある程度の値引きをせざるを得ない場合、その値引きは諸経費からの値引きであり、各単価はまったく変わらないことを説明します。

このように価格構造をお客様に明確に示すことは、無節操な減額要請を防止する効果があります。

値引きは一切しないというのも、会社方針としてあるかもしれませんが、なかなかそうはいかないのが、多くの工務店の本音でしょう。

ただ、このような価格管理の体系が整備されていれば、実行予算の精度が高くなるので、契約時点で値引きを決断した物件は予定どおりの減額された利益率で工事が行なわれます。それでよいのです。

値引きは100%会社の責任ですから、そのツケを下請け業者や職方に回してはいけません。

とにかく、予算と実績に差異が発生しないことがすべての始まりです。価格運用基準を作ってください。

6 部材の購入先をどうやって選ぶか

――メーカー選定のポイント

一つの部材の購入先を一社に絞ることを一社購買、複数の購入先を持つことを多社購買と言います。

どちらの方が良いかと聞かれることがあるので、私の考え方をご説明します。

大手ハウスメーカーは、原則的に2社ないし3社購買とするケースが多いのですが、これは取引の総量が多いため、それぞれの業界でのM&Aやその他の不測の事態も考慮して供給体制の安定化を図るという意味合いがあるのです。

中小工務店の場合は、部材の種類によって、程度の差はありますが、基本的には1社購買ないしはメインメーカーを1社に絞った方が、標準化や原価管理の観点から、いろいろと良い点があります。

とくに、この考え方が重要なのはサッシについてです。サッシは仕上げ材や設備品と違って、住宅にとっては構造材と並ぶ基幹部材だからです。

住宅の基本性能を構成する重要部材ですから、技術的にもコスト的にも、住宅会社としてもっとも標準化を意識しなければなりません。

住宅の品質を確保していくためには、重要な基本部位の標準ディティールを作る作業が不可欠ですが、このかなりの部分にサッシが関係してきます。これらをまとめていく過程では、さまざまな形でのサッシメーカーとの連携を必要とします。それは単に新商品の情報などを得るだけでなく、構造躯体とサッシやシャッター、バルコニーなどの取り合いに関する検討作業や見解の整理をしたりするなかで、さまざまな協力を得る必要があるからです。

このように技術面での緊密な関係を必要とするサッシメーカーについては、重要なパートナーとして1社に絞って、より密接な関係を作ることが賢明です。

また、原価管理面を考えても、サッシとその関連部材は、他の部材とは比較にならないほどアイテム数が多く、数千品番にもなります。2社購買であれば、これが2倍、3社であれば3倍の管理が必要となるわけです。

したがって、一物一価の管理体系のためにも、サッシメーカーは1社に絞るのが得策です。

では、サッシメーカーにかぎらず、メーカー選定のポイントどんなところにあるのでしょうか。

私はいつも次のような視点で判断しています。

①技術力、技術開発力
②品質管理
③企業姿勢、技術対応
④住宅のコンセプトとの整合性
⑤企業体力
⑥価格
⑦現場対応力

もちろん、部材の種類によって重点ポイントは違ってきます。

アルミサッシについて言えば、③以外の点はほとんど問題になりません。住宅用アルミサッシはご存知のとおり、大手4社の寡占状態であり、③以外の点では、問題になるような差がないからです。

ただ、市場でのシェア争いは熾烈ですから、シェアを取るために一時的にかなりの低価格を提示されることもあるようです。そういったことには惑わされずに、③のポイントをチェックしましょう。

たとえば、こちらからの技術的な問いかけに対して、いつもお馴染みの担当営業マンしか顔を見せないところは要注意です。

製品に対する疑問点や、シャッター水切りとルーフバルコニーの納まりのように、難しい構造躯体との取り合いについての見解を求めたようなときに、技術者が来社して一緒に考えてくれるようなメーカーでなければ困ります。

また、カタログ製品にはない部材やアルミ型材なども、必要に応じて探してくれるような対応も欲しいところです。結果的に求めるようなものが見つからなかったとしても、真摯に努力してくれる姿勢が欲しいのです。

私自身はハウスメーカー在籍時代から、大手のサッシメーカーの方々には大変親しくさせていただいて、いろいろな場面で、ご協力をお願いしているのですが、それぞれの会社によって、企業体質や特徴があります。

結果的に工務店の仕事をお手伝いするようになってから、いつもご協力いただくサッシメーカーは1社に絞られてきました（YKK　AP（株））。取引量が少量にも関わらず、私からの求めに応じて、データを提供したり、材料を探したり、ときには試作や実験を行なってくれたりと、さまざまな対応を真摯に行なってくれたからです。

「精一杯安くしますから、カタログに載っている製品を買ってください。納まりはカタログに出ている参考図を見て、工務店さんで考えてください」

というだけのところは検討対象からはずしましょう。

工務店にとって一番問題なのは、会社としての品質管理や原価管理に対する明確な意識もなく、いろいろなメーカーの製品を適当に使ってしまうことです。

とくにサッシで見られるのは、現場監督の好き嫌いでメーカーを決めてしまうパターンです。

「あそこは対応がいいから、無理を聞いてくれる。担当者とのつき合いも長いから…」

このような理由でサッシメーカーを現場単位で勝手に決めたりしていては、まともな住宅会社にはなれません。

──お客様からの要望で設備品を選ぶとき

サッシのような住宅の基本性能に関わる部品は1社に絞ることが大切ですが、システムキッチンのように、お客様の好みや希望が出てくる設備品などについては、少々勝手が違ってきます。

もちろん、システムキッチンの場合も標準仕様とする製品の選定は、先の①～⑦の検討を充分に行なったうえで、実際のものを確認して選んでいくのですが、お客様の指定があった場合の変更はやむを得ません。

しかし、こんなこともありました。

プロジェクトチームで標準とするシステムキッチンの比較検討を行ない、メーカーからの価格面での協力も得て、標準仕様のシステムキッチンを設定したのですが、いざ運用が始まっても、そのキッチンが実際の物件ではまったく採用されないのです。

営業に聞いてみると、「お客様の要望が他のメーカーのものなので…」という返事です。ショールーム用に商品の提供までしてもらっているメーカーには申し訳ないところですが、お客様の要望では仕方がありません。

ところが、半年経ってもまったくと言っていいほど売れないものですから、半年間の物件のシステムキッチン仕様を調べたところ、理由が別のところにあることがはっきりしました。

営業マンごとにキッチンメーカーが決まっていたのです。データを見れば一目瞭然、お客様の要望などではなく、営業マンの個人的な好みでメーカーが選定されていたのは明らかでした。

このようなことでは、会社としてさまざまな角度から検討し、選定している意味がまるでなくなってしまいます。

メーカー選定はどの分野についても、住宅の商品力、品質、コストなどを左右する重要な仕事です。

メーカーの持つ技術力や情報力を、より深く利用し、会社の力としていくためには、充分な検討で絞り込み、緊密なパートナーシップを確立していくことが大切なのです。

建材商社との関係も疎かにしない

資材メーカーと並んで、工務店にとっては建材商社との関係も重要です。大手ハウスメーカーの場合は、資材メーカーとの直接取引が原則ですが、一般工務店の場合、与信問題や商流、物流などの関係で、必ず何らかの取引があろうかと思います。

与信や商流、物流を処理してくれるだけでもありがたい存在ですが、かれらとの関係をそこに留めていてはもったいないのです。

建材商社にもそれぞれ特徴があります。資材メーカーとの取引の間に入ってくるというだけの会社は別にして、さまざまな協力をしてくれる建材商社とは関係を持ちましょう。

今の私にとって、親しくしていただいている建材商社はもっとも重要な情報収集窓口の一つとなっています（三井住商建材（株））。

彼らは大変な情報力を持っているので、

「このくらいの価格でこんな材料や製品がどこかにないか」

「このような加工ができる会社を探してほしい」

といったことをよくお願いしますし、いろいろな分野の情報を聞いたり、原材料の価格動向などを教えてもらっています。

また、特殊な住宅の部材などは、材料の供給だけでなく、施工体制の構築まで積極的に取り組み、いわゆる商社機能だけでなく、住宅に関わる実務的機能を果たしてくれています。

このような建材商社とのパートナーシップは、各種メーカーとの関係と同様大切にしていきたいところです。

これから家を建てる人へのアドバイス

正しいコストダウンというものは、品質、性能、安全性などを確実に担保しながら、きちんとした原価管理や標準化の作業を地道に積み上げていくことでしか達成できません。
何か特別な資材購入ルートを持っていたり、特別な住宅の造り方によって魔法のように劇的にコストが下がることなどないのです。

「ローコスト住宅」を代表として、低価格表示の競争や値引き合戦が盛んに行なわれています。あなたの住宅も〝特別〟に値引きをしてくれるかもしれませんが、本当に〝特別〟であることはまれです。住宅会社も所定の利益が確保できなければ経営が成り立たなくなるわけですから、値引きをしたら、それに見合った住宅を造ることになるだけです。

坪単価の表示や値引き額の大小で会社を選んではいけません。いや、むしろ法外な値引きを申し出てくる会社は、検討対象からはずしていくということであれば比べるのもよいかもしれません。住宅を建てる際に値引き交渉をしてはいけないということではありません。値引き交渉をするとしたら、発注する会社が決まり、計画がある程度進んでからのことです。

本書にあるようなきちんとした原価管理や品質基準を定めて家づくりを行なっている、まじめな工務店の場合、大きな額の値引きを期待してはいけません。せいぜい頑張っても総額の１～２％が限度です。

それで予算に合わないとしたら、その旨を話して設計を見直すなり、仕上げや設備の仕様を見直すといった方法での減額方法を提案してもらうのが正しいやり方です。

同じ床面積、同じ仕様でも、設計の仕方次第で価格は大幅に違ってきます。たとえば、同じ延床面積30坪の家を平屋で造る場合と総２階で造る場合を考えてみましょう。

平屋は階段を造る必要がありませんから、その分は安くなりますが、屋根は30坪全体にかけなければなりません。これに対して総2階は1階、2階それぞれ15坪ですから、屋根は15坪の面積に対してかければよいことになります。平屋の半分でよいということです。

建物を乗せるコンクリートの基礎もまったく同じことが言えるので、同じ30坪でも総2階のほうが安く造ることができるのです。

外壁などにしても凹凸が多い家は柱などの構造材も、外壁仕上げ材も多く使わなければならなくなりますから、そのぶん高くなります。

このように設計を見直すという方法によるコストダウンは、品質や性能に悪影響が出ることはほとんどなく、むしろ品質の確保に有利になるケースが多いものなのです。

複数の会社から相見積りを取った場合には、その見積書の形態を見てください。一式いくらといった大雑把なものは、信頼できませんし、まして「うちなら坪いくらでやりますよ」といったいい加減な話に乗ってはいけません。

見積内訳書の形態は会社によって違いますし、本文中にあるように利益の乗せ方もいろいろですから、個別の項目、たとえば大工手間の単価などを取り出して比較してもあまり意味はありません。**大切なのは、見積金額がどのような根拠で出てきているのかが、明確にわかる見積書になっているかということ**なのです。

相見積も金額を比較する材料ではなく、信頼度を測る材料として見ていただきたいと思います。

5章 住宅の基本性能確保に不可欠な技術

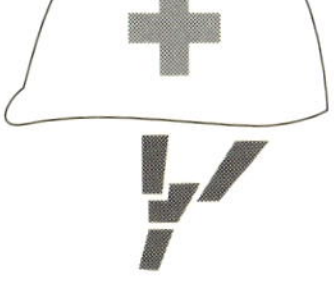

住まいに何を求めるかは人によってさまざまです。断熱性能や機密性能、耐震性といったハード面の充実に重点を置く人もいますし、外観デザイン、空間構成、生活導線、住まい方といったソフト面を重視する人もいます。

またＳＩ住宅といって、住宅を骨組みである構造体と間仕切りや設備などに分けて考え、ライフステージに合わせて内部空間の構成を可変できる住宅などの考え方もあります。

住宅会社は自社の家づくりのポリシーとしてコンセプトをまとめ、商品という形にして市場にアピールします。

しかし、住まいにはすべてに優先して備わっていなければならない品質があります。どんな住まいにするのがよいかを考えるのは、当たり前の性能を当たり前に作ることを前提にしています。

この章では住宅の基本性能についてお話ししましょう。

1 望ましい断熱技術と換気システムとは？

高気密、高断熱は日本人にはなじみのないものだったが…

高気密、高断熱住宅や外断熱の住宅が増えています。

京都議定書による二酸化炭素排出量削減の数値目標設定など、世界的な地球温暖化防止の取り組みのなかで、日本の住宅を取り巻く環境も省エネルギー化の流れが一段と強くなってきました。

住宅の室内環境と自然の気候との関係をどのように捉えるかという点については、「開放系」と「閉鎖系」の二つの考え方があります。

日本の住まいに対する考え方は、もともとは開放系です。吉田兼好の「すまいは夏をもって旨とすべし」（『徒然草』55段）ではありませんが、風が心地よく吹き抜けていくような、自然と一体となった住まいを好む傾向があります。

我々日本人には、人間も自然の一部として、自然と調和した生活や住まいを良しとするＤＮＡがあるのではないでしょうか。

これに対して欧米の住宅はもともとが閉鎖系です。厳しい自然環境や地続きでいろいろな民族が接し合うという社会環境のなかで、住宅はそこに住む人を自然や外敵から守るシェルターとしての役割を担ってきました。

その違いは壁と開口部の関係に現れています。

日本の建物は「空」が主で、「実（色）」が従です。何もないのが一番良いのですが、雨が降るから屋根がいる。屋根がいるからそれを支える柱がいる。風が入るから障子をつける。という具合で、開口部を設けるというよりも、何もないところに最小限の柱や壁を設けるというイメージです。

これに対して欧米の建物はまったく逆に、まずシェルターの機能として壁があり、そこに採光や通風のために必要な最小限の開口部を設けていくという構成です。つまり壁が主で窓が従という関係になります。

ですから、日本の住宅の窓は大きなものが好まれ、結果として大開口できる引き違いサッシが主体となります。一方、外国からの輸入サッシを見ると、上げ下げ窓や内倒し窓、外開き窓といった小開口サッシが主体となっています。ダブルスライダーやシングルスライダーといった引き違い系の大開口サッシは品数がきわめて限られています。

このほか、木の文化と石の文化の違いといった見方もあります。いずれにしろ、住まいの形態というのは、その国の文化そのものですから、私自身、開放系に対するあこがれがあり、省エネルギーの流れがあるとはいえ、住宅を温熱環境的にシェルター化する高気密、高断熱を絶対善とする考え方には抵抗を感じていました。

北海道など寒冷地では、断熱性能、気密性能がもっとも重要な性能ですから、換気を機械によって計画的に行なうことは、住み手にとっても当たり前のことですし、メンテナンスも適正に行なわれることが期待できます。

しかし、関東以西など寒冷地とは言えない地域においてまで、24時間換気という機械力に頼らなければ良好な居住環境を維持できないほどの気密性を求めていくのは、果たして良いことなのだろうか、適性にメンテナンスが行なわれるのだろうか、と疑問を感じていました。

「やはり、日本の住宅は開放系でありたい」と考えるところなのですが、ことはそう簡単ではありません。

時代の要請は「閉鎖系」の住宅へ

まず我々日本人の多くが、冷暖房のある生活に慣れ、昔のように暑さ、寒さを我慢できなくなっていることが挙げられます。断熱性能も気密性能も低かった昔の住居が、寒かったのは事実です。

今どき、隙間風の入る部屋で、火鉢ひとつの冬の生活に耐えられる人は少ないでしょう。

また、夏場を考えると、都市やその近郊の気候は、ヒートアイランド現象に見られるように、車や冷房などのさまざまな排熱と、アスファルトに覆われた環境とによって、本来の自然の持つエネルギーの循環が阻害され、暑くなっています。

そしてもっとも大きな問題点として、いまの時代に求められる住宅の基本的品質を担保しながら、同時に開放系の住宅を造るというのは、技術的に見て至難であるということがあげられます。

それならば、気密性能はそこそこにしておいて、気候に合わせた断熱性能を持たせるのが、一番現実的で良い選択ではないか、という考え方が出てきます。

しかし、断熱性能は高、中、低、いかようにも設計できますが、「そこそこ気密」というのは設計できません。高気密は空気の漏れを防ぐ設計施工で、ある程度達成できることはわかっていますが、適度な空気の漏れを計画することはできませんし、そもそも、どの程度をもって適度とすべきか、ということもわかりません。中途半端な空気の移動は内部結露の原因になることもあります。

さらに、2×4工法や在来工法でも一般的になってきた外壁に構造用合板*を貼る工法では、とく

構造用合板
一般にはベニヤ板と言われる合板には、使われる樹種や重ね合わせている薄い板（これをベニヤーという）の枚数（プライ数）、接着剤などによって、さまざまな種類や等級がある。構造材の一部として使える合板は構造用合板と認められているものにかぎられている。

に意図しなくても、ある程度の気密性能ができています。

このような状況を考えると、温熱環境の面からは、良質の居住空間を作るためには計画的に閉鎖系の住宅を造って、換気、通風を一部機械力に頼りながら維持していくことが、現状では一番良い方法ということになります。気密性能では閉鎖系の住宅でも窓を1回開ければ開放系の住宅と同じくらいの環境が維持できるからです。

二重通気システムへの取組みは慎重に

高気密、高断熱の住宅は温熱環境的には閉鎖系住宅ですが、これに開放系の要素を取り入れることを意図して、壁体内の断熱材の内側に外気の導入を可能とした二重通気*システムが話題になっています。

しかし、これらシステムを生かすためには、それなりの知識が必要です。生半可に取り組むと、壁体内結露を発生させることとなり、非常に危険です。たとえば夏場に断熱層の内側壁体内に外気が入れば、冷房された室内空気によって冷やされ、壁体内で結露を発生させるのは必然です。そこでこのような二重通気システムのシステム供給会社に話を聞くと「冷房しないこと」を前提としたシステムであるとのことでした。

二重通気
外壁の仕上げ材と下地の間に空気を通す外壁通期層工法は広く一般化しているが、これとは別にもう一つ通気層を設けるのが二重通気である。

高気密、高断熱住宅といっても、そのままでは冷熱源や温熱源があるわけではありませんから、熱負荷が小さいとはいえ、冷暖房を必要とする居住者が大半です。したがって、冷暖房を使用するときは、内側の通気は遮断する必要があるわけですが、そうすると何のための二重通気なのかわからないことになります。

私が心配なのは、このような住宅を販売している工務店が、こうしたことを充分に理解して、お客様に季節ごとの換気口の開け閉めなど、住まい方を正しく伝えているのだろうか、という点です。

さまざまな形で自然のエネルギーを取り入れ、利用していくのは重要なことですし、そうした技術を発展させていくことにも大賛成なのですが、それには建築環境工学や熱力学の正しい知識と、住宅の持つ特性に対する充分な理解が必要です。安易に取り組むと、基本的な品質に問題のある住宅を造ってしまうことにもなりかねません。

どのような換気システムが望ましいか

さて、今や24時間換気が義務づけられ、住宅の必須設備となった換気システムについて、意見を求められることもよくあるので、私の考え方を説明したいと思います。

よく話題になるのが、第一種換気にすべきか、第三種換気で良いかということですが、それに加えてセントラル方式が良いか、各室の個別方式でも構わないか、といったことも聞かれます。

ご存知の方も多いと思いますが、換気の方式には第一種、第二種、第三種とあって、第一種換気は給気、排気とも機械力によって行なうもの。第二種換気は給気を機械力、排気を自然排気とするもの。第三種換気は給気を自然給気、排気を機械力で行なう方式です。

北海道などの寒冷地においては、熱交換型の第一種換気セントラル方式が、ぜひ欲しいところです。寒冷地における冬場の換気は結露防止の意味からも重要ですが、換気によってせっかく暖まっている室内空気を、そのまま捨てるのはもったいないですし、冷気をそのまま室内に入れるのも問題があるからです。

そもそも熱交換型の空調換気扇というのは、暖かく、湿った、汚れた室内空気を屋外に排出し、同時に冷たくてきれいな外気を室内に取り入れるときに、和紙やアルミなどを素材とした熱交換素子により、空気は交じり合うことなく、熱だけが移動し、室内には暖められた、きれいな外気が入ってくるというものです。しかし冬場の場合、外気があまりにも冷たいと、排出される空気に含まれた水分が熱交換素子のなかで結露し、さらに凍りついてしまうこともあります。

そこで北海道などでは、本体を小屋裏などに設置するセントラル方式にして、導入する新鮮空気を一度、小屋裏に溜まった熱で少し暖めてから取り入れることによって素子凍結を防ぐ配慮も必要です。

寒冷地では冬場、住宅は閉じられた空間になるということと、内外の温度差が大きいため、室内

▷換気を行なうと住宅内に正圧側と負圧側の空気の流れができる◁

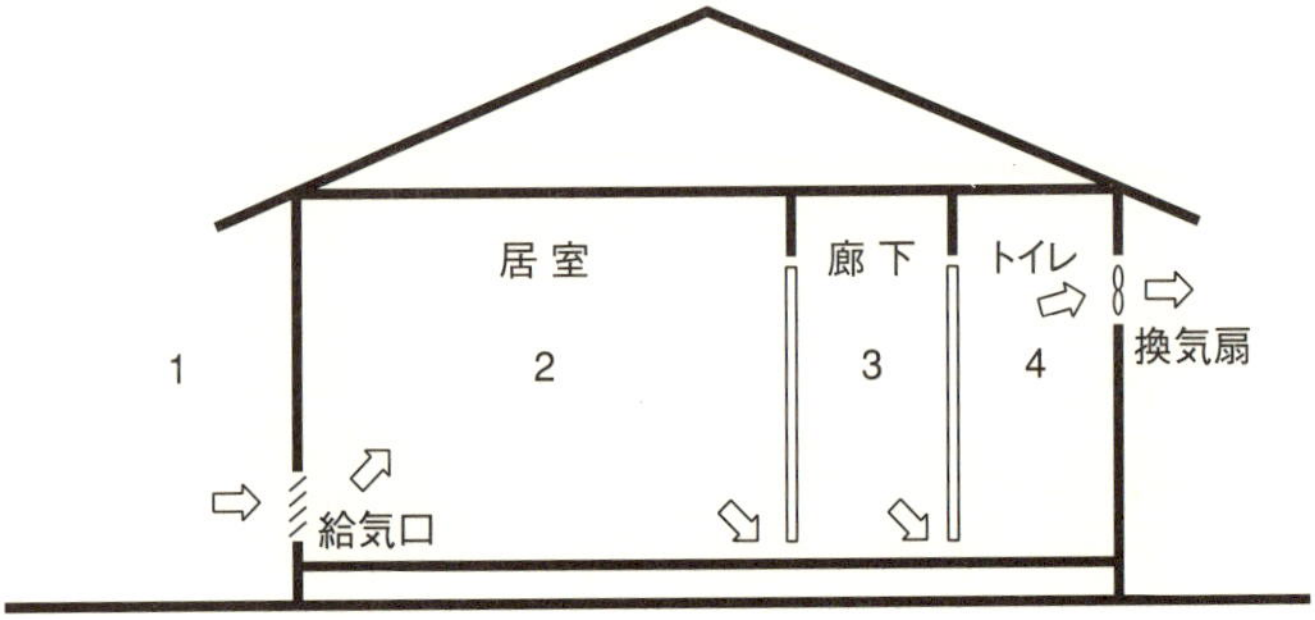

気圧は　1 ＞ 2 ＞ 3 ＞ 4　となり
1 → 2 → 3 → 4　という空気の流れができる

ex.　3 は 2 に対しては負圧側、4 に対しては正圧側

や構造体内部の結露防止のためには換気はきわめて重要な要素となるため、このような考え方になるわけですが、関東以西のように寒冷地とは言えない地域においては、考え方が変わってきます。

非寒冷地の換気設備は個別第三種で十分

換気方式の選択が死活的に重要ではない地域においては、極力、単純な方式を選択すべきだと考えます。

換気を行なえば、住戸内に正圧側（吸気側）と負圧側（排出側）ができます。空気は常に正圧側から負圧側へと流れていきます。一番単純な、個別第三種換気の場合、居室に自然給気口を設け、トイレや廊下に換気扇を設置すれば、居室が正圧側、トイレや廊下が負圧側となって、常に居室から廊下、トイレへと空気が流れていきます。

これに対して第一種セントラル方式では、機械本体から伸びたダクトによって、各所に給気口、排気口を設けるわけですから、正圧側、負圧側を計画的に作る必要があります（たとえばリビングや各寝室を正圧側に、トイレ・廊下・洗面などは負圧側に）。ただ同じ排気口でも、ダクトの長さの違いや曲がり方によって圧力損失の違いが発生するので、風量バランスをとるための調整が必要です。これを調整しないと、おかしな空気の流れができてしまうおそれがあります。

風量の調整は、通常は室内に取り付けられる吹き出し口のグリル部分でできるようになっていて、施主への建物引渡し前に調整するのですが、その後、お客様が大掃除などのときに、知らずに操作してしまうおそれは否定できません。

一度調整が狂ってしまうと、計画したとおりの空気の流れができなかったり、特定の換気口の風量が多すぎて、耳障りな音が発生したりすることもあります。

このように住宅の空調というのは、換気に限らず、冷暖房も含め、オフィスビルなどとは事情が違うのです。

オフィスビルの空調は空気を「設計」することが可能です。計画どおりの温度、湿度を保つために、冷房時は過冷却、再熱という複雑なプロセスを必要としたりするものの、日常的なメンテナンスも含めて設計どおりの空気環境を保つことができます。

しかし、住宅の場合、そこまでの費用がかけられないこともありますが、それよりも大きな違いは、お客様によって住まい方が千差万別であり、窓の開け閉めや人の出入りの頻度なども想定できるものではないということです。外乱要素が大きいために、複雑なシステムで綿密な空調を計画しても、計画どおりの空気環境を維持することなど不可能に近いのです。

ですから、住宅においては、必要な設備は極力単純に、極力パッシブ的手法にした方が、大雑把ではあるものの、間違いが起こらないのです。

したがって、私は北海道、北東北3県などの寒冷地を除く日本の大半の非寒冷地における換気設備は、もっとも単純な個別第三種換気方式で充分と考え、第一種換気方式など高級な方式は、むしろ避けた方がよいと考えています。

2 何よりも住宅の基本性能を整える

何かに特化した住宅はどこかにひずみが生じる

住宅に必要とされる性能は何かという話になると、百家争鳴、いろいろな話が出てきます。

耐震強度や耐久性、温熱環境、遮音性能、バリアフリー、自然素材に脱塩ビ、VOC対策*、SI住宅（章末参照）、自然エネルギー利用など、実にさまざまなテーマがあり、それぞれに重要な意味があります。しかし、一軒の住宅としてまとめるに当たって、すべてを充分に満足させる家はなかなか造れません。

それは必ずしも費用的な問題だけでなく、あるテーマだけを追求し過ぎる

VOC対策
VOC、VVOC対策として、有害物質の放散量については、現在、建材に等級がついている。もっとも放散量の少ない安全な建材はF☆☆☆☆（4スター）という等級。ただし、ムクの木材など天然材料はそもそも安全であるとして、対象外となっている。

と、住宅としておかしなものになってしまうということもありますし、技術的にまとめていく段階では優先すべきものが何なのか、明確にしておかなければならないという点もあります。

たとえば、高気密、高断熱など住宅の温熱環境をテーマにした住宅は非常に多いのですが、温熱環境だけを追求していくと、理論的には、窓は小さいほど良いことになってしまいますし、東面や西面は直達日射による冷房負荷が大きいため、無窓壁が良いということになります。さらに究極の温熱環境を作るとしたら、地下室に行き着くことになります。

地下室の全周囲に温水パイプを巻きつけるように敷設し、床、壁、天井を均一な表面温度に制御します。そして人間の皮膚表面との熱流の出入りを最小限にするように調整すれば、人間にかかる熱的なストレスはゼロに近づけることが可能です。

しかし、いくら温熱環境が最高でも、こんな部屋に住みたいと思う人はいないでしょう。

大きな窓は、たとえ断熱サッシを使おうと樹脂サッシを使おうと、複層ガラスや高性能のＬｏＥガラスの入ったサッシを使おうと、壁体部分より断熱性能は劣ります。夏場を考えれば、熱線反射ガラスを使っても、光が入る以上は温室効果によって熱は溜まりますから、温熱環境的には不利です。

しかし、眺望や開放感の演出には不可欠な要素です。

このようにさまざまな性能は、お客様の好みやライフスタイル、外観デザインなども含め、バランスを考えて構成する必要があります。

セールスポイントは特化した性能を謳っても、技術はバランスが大事です。住宅技術者に求められるのは全体を見通す力です。何かに特化した住宅は、別のどこかに歪みを作ってしまう危険性があります。すべての部分の関連を常に認識し、問題の発生を未然に防ぐことができなければいけません。

たとえば、自然素材だからといっても、そり、割れ、隙間には許容される限度があるでしょうし、材料の選定や塗装材料の選択、施工方法なども吟味する必要があります。

遮音はあくまで程度問題です。スタジオのような空間を作るのは別として、一般的には完璧な対応は不可能です。

遮音の問題には二つの側面があります。一つは住宅のなかと屋外の遮音、もう一つは住宅内部の主に1階と2階の透過音の問題です。

住宅内外の遮音は気密性能の向上とともに性能が上がっていきます。よく複層ガラスだから遮音性が良いと、お客様に説明している営業マンがいますが、これは間違いです。複層ガラスは2枚のガラスが同じ厚みの場合、共鳴現象が発生して、音の周波数帯によっては単板ガラスよりも音を透過させてしまいます。単板ガラスより劣るとまでは言えませんが、決して良くなるものではありません。

しかし、複層ガラスの入ったサッシを使うと遮音性が向上するのは事実です。複層ガラスを使用するサッシは気密性能の高い高級サッシであることがほとんどですから、実はサッシの気密性能によって遮音性能が良くなったというのが、現実の姿なのです。

2階の音が1階に響く透過音の問題については、主に三つの対策があります。

一つ目は1階の天井を防振吊り木などを利用して2階床の振動が伝わらないようにすることです し、二つ目は2階床の下地に重い材料を貼って遮音する方法、三つ目は1階の天井のなかにロックウールなどの吸音材を入れる方法です。

しかし、階段室などで1階と2階は繋がっていますから、どの方法も決定打とはなりません。

吸音材の話が出ましたので、これについて触れておきます。まず吸音と遮音とはまったくメカニズムが違うということを認識しておく必要があります。

吸音はロックウールなど多孔質の材料を使って音を吸収することですが、これは人の話し声などの軽量音に対しては効果があるものの、足音や物を動かす時に発生する、重量音に対しては無力です。

一方遮音は文字どおり音を遮ることで、重量音にも有効です。ただ、遮音性能は質量則といって、効果は材料の重さに比例します。したがって、1階天井にロックウールを詰めるよりも、2階の床の下地に重たい石膏ボードを敷設するほうがより効果的と言えるでしょう。

どの対策もしないよりした方が効果があることは間違いありませんが、だからといって遮音性が優れている、とは言わないほうがよいでしょう。音に対する感じ方は一人ひとり違いますから、「うるさい」といわれてしまえばそれまでです。ある程度の対策を施したうえで、住戸内の音は家族が出す音ですから我慢してください、と言っておいたほうがよいのです。

住宅が具備しなければならない基本性能

温熱や音の話をしてきましたが、どのようなコンセプトで住宅を造ろうとも、どのようなセールスポイントで営業活動を行なおうとも、住宅には常に最重要事項として、根本的に他の性能に優先して具備すべき基本性能があります。それは、**「丈夫で長持ち雨漏りしない」**ということです。

これを100％担保する技術を確立したうえで、暖かいとか涼しい、静かだ、といったことに取り組むべきでしょう。標準ディティールを作るなかで、他のテーマとぶつかり合う部分が出てきたときは、常にこの基本性能の担保が優先されなければなりません。

これから家を建てようと考えている一般の人たちは、「今どき新築住宅で雨漏りする家なんてないだろう」と思っていますが、多くの工務店が大なり小なり、雨漏りクレームを抱えていることを私は知っています。

「丈夫で長持ち、雨漏りしない」ための技術要素は、①構造、②構造材、③内部結露防止、そして

④止水技術ということになります。以下、順にみていきましょう。

①の工法構造については、在来工法、2×4工法、集成材の大臣認定工法など、一般工務店が選択できるものはいろいろありますが、特にこれでなければならない、ということはありません。

ただ、在来工法の場合はいろいろな造り方ができてしまいますから、最低限、住宅金融公庫基準*はクリアしておく必要があります。

②の構造材についてはKD材または集成材などのエンジニアリングウッド*を用いるべきです。非乾燥木材であるグリーン材の使用は、特殊なケースを除いて避けるのが当然でしょう。

ところで、「乾燥木材といっても、工事中に雨に濡れてしまえば同じこと」というような発言を、工務店関係者から聞いたことがあります。基礎的なことなので、ご存知の方も多いと思いますが、一応簡単に解説しておきます。

木材に含まれる水分には、細胞の内部に含まれる自由水と細胞と細胞の間の隙間に含まれる結合水とがあります。

自由水は一度排出されると、二度と水分が戻ることはありませんが、結合水は出たり入ったりします。

住宅金融公庫基準
住宅金融公庫は、融資の基準や金利適用の基準として、住宅の性能などをまとめた共通仕様書を発行している。

エンジニアリングウッド
集成材やLVLなど小さなピースの木材や薄い木材を貼り合わせて作られる工業化された木材の総称。

乾燥木材は自由水が排出されたものですから、水が戻ったとしても結合水の飽和状態以上になることはありません。自由水が排出され、結合水のみ飽和状態になったときの含水率は概ね25％で、これを繊維飽和点と言います。

木材の収縮や変形は、これらの細胞を構成する水分が放出される過程で発生します。乾燥木材は収縮、変形を発生させた後に加工されますから、それ以上の狂いがきわめて発生し難くなるのです。

木材の水分は、最終的には平衡含水率*である12〜18％に近づいて安定します。

また、木材の強度は繊維飽和点以上の含水率では変化がありませんが、繊維飽和点以下では含水率の低下に伴って、曲げ強さ、圧縮強さともに向上していきます。ですから、乾燥木材は雨に濡れても乾燥木材なのです。

ちなみに、ＫＤ材とは英語の「Kilned Dry」の略で、人工乾燥木材のことを言います。

昔は天然乾燥だったわけですが、今は天然乾燥ができる状況ではないので、乾燥木材と言えば、一般的にＫＤ材のことを指します。

ただ、木目のつんだ、大きな断面の梁材などは人工乾燥では水分が抜けにくく、ＫＤ材にはなかなかありません。現《あらわ》しの梁にこうした美しい木目の材を使いたいとなると、グリーン材を使うしかなくなってしまいますが、それを実施するためには、変形を見越した納まりと、匠の技が必要です。作品住宅ならいざ知らず、商

平衡含水率
空気中にも水分はあるため、その水分との平衡状態で含水率は安定する。

品住宅では、やはり集成材で我慢していただくほうが無難です。

以前、グリーン材でも建設現場に搬入されて使われるまでの時間で、かなり水分は抜けるという話を聞いたこともあって、実際にそうした材料の含水率を測定したことがあります。4寸角（120㎜）の柱材は概ね30〜35％程度でしたが、大きな断面の梁材などは、もっと数値が高く、なかには80％というものもありました。これでは現場での変形は避けられません。構造材についてはグリーン材の使用は避けるべきです。

また、KD材にもまして集成材、LVLといったエンジニアリングウッドは供給量が比較的安定していることと並んで、強度が安定していて常に計算どおりの性能が得られる、という利点があります。

2階建てまでの戸建住宅は構造計算が義務づけられていませんが、耐震強度偽装事件などの影響もあるので、今後は社会的要求として構造計算書の作成、添付など「強さの証明」が必要とされてくるのではないかと考えられます。そうしたことへの配慮も必要と思われます。

▦──内部結露防止のために断熱材で工夫したいこと

次に③の内部結露防止についてですが、これは断熱、気密、通気をどのように扱うか、ということと関わってきます。

断熱材を構造体の外側から貼り付ける外断熱とするか、柱と柱の間に入れる充填断熱とするかについては、木材よりも断熱材のほうが断熱性能は高いわけですから、構造体をすっぽりと包んでしまう外断熱の方が断熱性能の均一化を図りやすく、内部結露防止の観点からも圧倒的に有利な方法です。

しかし、充填断熱であっても正しい方法で施工されれば、所定の性能は達成できるので、なにがなんでも外断熱ということはありません。

どちらの断熱方法も断熱ラインの連続が、一つの重要なポイントになります。それぞれに注意しなければいけない点があります。

充填断熱の場合、まず壁内断熱材の形状をフェルト状のグラスウールやロックウールを用いるのか、ボード状のポリスチレンやウレタンなどにするかという問題があります。

コストを優先して考えると、フェルト状断熱材が安価なため、一番よく見かけるのですが、施工状態は甚だ不安定な場合が多く、内部結露防止の確実性の点では安心できない部分があります。

とくに壁の上下の途中に断熱材の継ぎ目が発生している場合は、ほぼ確実に内部結露が発生します。室内側から断熱材の継ぎ目に手を入れてみて、外壁側の下地合板や透湿防水シートに触れることができたとしたら、室内空気がそこに流れ込む可能性が大きいということですから、内部結露が発生して当たり前ということになります。

▷外断熱による断熱材の取付状況◁

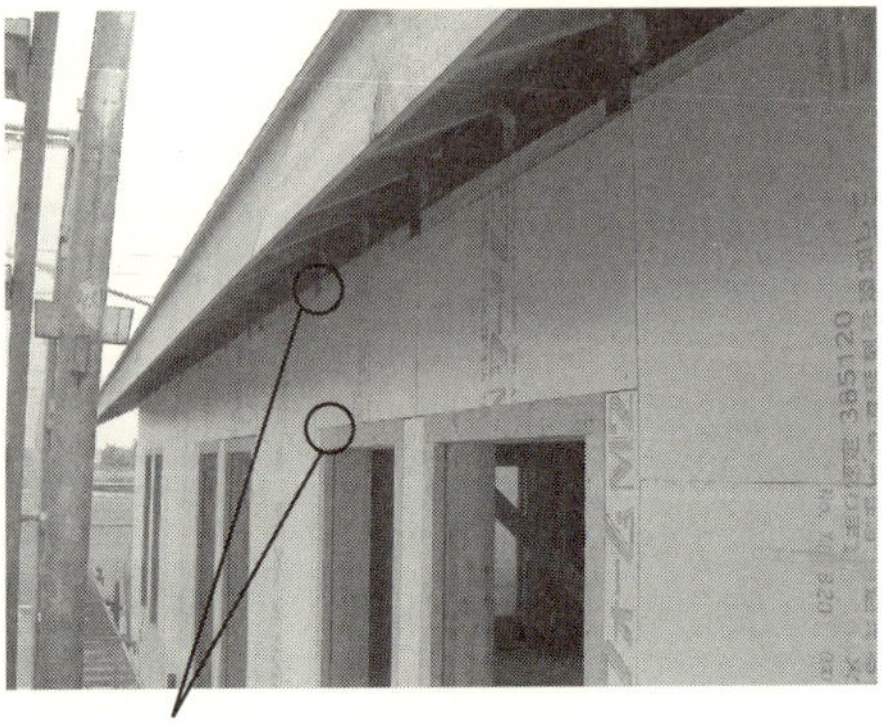

外断熱の場合はサッシや軒などの納まりに技術が求められる

この他にも、断熱材の垂れの問題や断熱材を入れてある袋の耳部分は柱や間柱の室内側に固定しなければなりませんが、壁の下地となる石膏ボードに不陸《ふりく》（凸凹のこと）が出やすいために、大工は柱の横方向に固定したがります。このため施工不良が起きやすく、この点でも不安が残ります。

そこで充填断熱であれば、ボード状断熱材を隙間なく嵌め込むほうが安心ですが、この場合は、スイッチやコンセントのボックスによる断熱材の切欠き部分の処置をきちんとしておかないと、室内空気が壁体内に供給されてしまい冬場に壁内部で結露してしまいます。

ならば、少々コストが掛かっても外断熱で行こうと考えたいところですが、外断熱には別の難しさが出てきます。

外断熱は断熱材とサッシやバルコニーなどの部材との取り合いや軒の部分、2階建ての2階のない部分の1階屋根である下屋と2階の壁がぶつかる部分の納まりなどが、充填断熱の場合に比べ、より高度なディティールの整備を必要とするからです。

④の止水技術については次項で解説しますが、これらの納まりをひとつ間違えると、内部結露より恐ろしい雨水の浸入を起こしてしまいますし、今では常識となった外壁通気層との取り合いも、考え方を間違えると同じような問題が発生してしまいます。

また、外壁仕上げ材を固定するための胴縁の固定方法も、断熱材を間に介して構造体に固定することになりますから、この点も配慮しておかないと、外壁仕上げ材の垂れが発生します。

では一体どのようにすればよいのかということになりますが、次項で述べる基本品質を確実に担保する標準ディティールが必要となってきます。

3 会社としてのディティールを標準化する

「取り合いの技術」こそ工務店の住宅技術

工務店における住宅技術とは一体何でしょうか。私は「取り合いの技術」であると考えています。住宅を構成する技術的要素というのは、実に多岐にわたっています。そこに使われる部材や設備の一つひとつにそれぞれ専門的な技術領域があり、その道のプロ達の努力によって、その製品が存在しています。

住宅技術者がそれらすべてに精通することは不可能ですし、その必要もありません。ただ、それら部材や設備の機能や性能、特性などについては知っておく必要があるでしょう。

サッシの基本3性能（耐風圧強度、水密、気密）が何で、使っているサッシがどの程度の性能レベルなのか、ということは知っておかなければなりませんが、断面のアルミ厚を何ミリにしたら所

▷サッシをめぐる防水性の責任分担◁

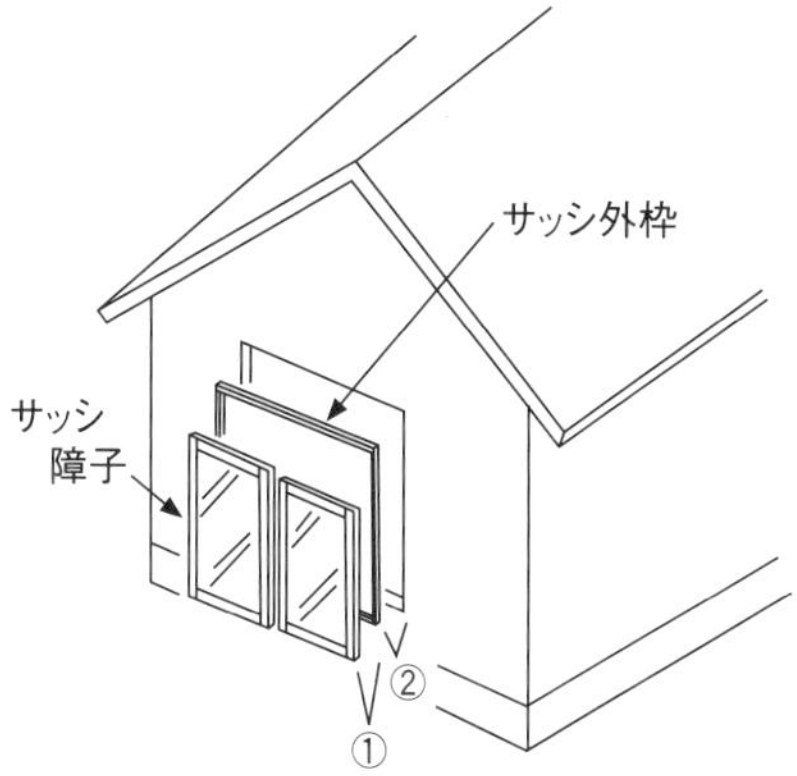

①サッシ外枠とサッシ障子の間の水密性能はサッシメーカーの責任

②建物とサッシ外枠の間の水密性能は工務のの責任

定の性能を出せるのか、などということは知らなくてもよいのです。

各部材や設備のメーカーには、それぞれに専門技術者がいるわけですから、わからないこと、知りたいことは彼らに教えて貰えばいいのです。メーカーはその部材、設備の機能、性能、物性といったことについては責任を持ってくれます。

しかし、彼らは自分たちの供給するものに責任は持っても、他の材料や構造体との「取り合い」には責任を持ちません。たとえ、そのノウハウや知識を工務店以上に保持していたとしても、参考情報としては教えてくれますが、その責任を持つのはあくまでも工務店です。工務店が自分たちの判断と責任で決めなければならないのです。

たとえば、サッシメーカーが保証するサッシの防水性を示す水密性能は、サッシの外枠とガラスの入ったサッシ障子、アルミ框とガラスの間のものであって、もっとも重要なサッシの外枠と建物の構造躯体との取り合い部分の水密性能は工務店の責任となります（前ページ図参照）。

サッシの枠と障子の間に問題があって雨が入れば、室内の床が濡れ、これは漏水が発生した時点ですぐにわかりますから、対処も迅速に行なえます。

しかし、サッシ枠と構造躯体の間で漏水があった場合は、よほどの量の水が入らないかぎり、すぐにはわかりません。構造体内部に入った水は、時をおいてから染みとなってあらわれたり、知らないうちに内部を腐らせますから、こちらの水密性のほうが、重要度がより高いのです。

サッシの分厚いカタログには納まり図がいろいろ記載されていますが、それはあくまでも参考図であって、その通りに施工したからといって、メーカーが責任を負うものではないのです。

以前、ある工務店のお手伝いをしているときに、サッシメーカーに対して次のような提案をしたことがあります。

「サッシと構造躯体の取り合いについて充分に協議のうえ、サッシメーカーの指示に従って標準ディティールを作りますから、その納まりが遵守されているものについては、サッシと構造躯体の取り合いについても保証の対象としていただけないでしょうか」

答えは予想していたとおりノーでした。標準ディティールを作るに当たっての協力は惜しまないが、責任は工務店にある、というのです。

ただ、サッシメーカーは製品の開発過程での風洞実験などによってさまざまな技術情報やノウハウを保持していて、こちらの求めに応じて、いろいろと教えてくれますし、場合によっては試作や実験も行なってくれる存在です。

部材メーカーという立場からすれば、最終的な施工品質を担っているのは工務店ですから、取り合いについては責任が持てない、というのも理解できることです。しかし、部材の納め方まで指示しておきながら、責任を取らないところもあるので、注意してください。

先ほどとは別の工務店での出来事です。

この工務店は高気密、高断熱、二重通気のシステムを採用し、断熱材メーカーであるシステム供給会社から部材とともにノウハウの提供を受けていました。

手伝いを始めてすぐに、システム供給会社から提供されている標準ディティールの図面を見せてもらったのですが、サッシ周りの納まりが納得できません。そこで工務店のプロジェクトメンバーとともに、ディティールの改善案を作成したうえで、システム供給会社の方に来ていただいて協議をしました。

私は次のように切り出しました。

「御社のサッシ周りの標準ディティールは私の経験上、止水に不安がありますから、このように変更して当工務店では施工を行ないたいのですが、よろしいでしょうか」

すると先方は、

「いや、標準図どおりに納めてください」

私は、

「御社の標準図では漏水の可能性を排除できないのですよ。このディティールで風洞実験は実施されているのですか」

先方は実験のことには触れず、

「そちらの改善案のように、当社の断熱材を止水材として用いるという認識はありませんから、あくまでも標準図でお願いします」

そこで私は、

「御社の標準図だって、断熱材が止水材となる構成になっているじゃないですか。ではそれほど言われるなら、標準図どおりに納めた場合、結果に対する責任は取っていただけるのですか」

すると先方は、

「いや納まりの責任はあくまでも工務店さんです」

そこで私は言いました。

「御社は断熱材を供給し、サッシを供給し、システムを供給し、標準図どおりの施工を指示しているのに、そのとおりに施工して漏水事故が起こったら、工務店の責任というのはおかしいじゃないですか。お客様に保証するのは工務店ということであれば、我々の改善案で施工することを認めてくださいよ」

しかし、先方は相変わらず、

「標準図どおりに納めてください」

そこで私は次のような提案をしました。

「御社は樹脂サッシも製造されているのですから、当然、風洞実験設備をお持ちですよね。御社の納まりと、我々の作った納まりの両方で、関係者全員が立ち会って風洞実験をやりましょうよ。そうすれば、はっきりするし、御社にとっても納まりの是非が確認できていいじゃないですか」

先方の答えは、

「その件は社に帰って工場の方とも相談して検討します」

ということでした。しかし、なかなか良い返事が返ってきません。何度か催促しているうちに、ようやくＯＫの返事が返ってきましたが、条件が付いていました。それは、

・風洞実験設備およびオペレーター、関係スタッフを一日無償提供する

・実験はあくまでも工務店が独自に行なうものであって、その結果が本件の見解に影響を与えるものではない

・実験の対象となる供試体の製作、搬入は工務店サイドで独自に行なう

私が提案したこととは少々違うのですが、せっかくの機会なので、実験をやらせていただくことにしました。しかし、供試体の製作準備など大変な作業もあり、諸般の事情を考えて、我々の改善案のみの実験とすることにしたのです。

当日、製作した供試体をトラックに積み込んで実験設備のある先方の工場へ向かいました。

実験の結果は予想どおり我々の改善案が充分な止水性能を保持していることを確認する結果となりましたが、システム供給会社の考え方は変わりません。ただ、先方もそのことを敢えて問題にはせず、こちらの方法を黙認するという形になっていきました。

＊　＊　＊

断熱材のメーカーはあくまでも断熱材屋さんです。断熱、気密に関しては専門家であっても、住宅のトータル技術という面では専門家ではないのです。専門外の技術については机上の論理、実験室レベルの域を超えないと考えておいた方がよいでしょう。

このようにそれぞれの部材や設備そのものについては、各メーカーが品質、性能に責任を持ってくれますが、どのような形で供給を受けようと、それらと他の部材や構造躯体との取り合いは工務店自身が考え、作り、責任を持たなければなりません。それと同時に、先に述べた住宅の基本性能を担保する技術は、その取り合いよって決定されていくのです。

どんなに性能の良い断熱材を使おうと、設置方法を間違えれば、内部結露で家を腐らせてしまうかもしれませんし、どんな高級サッシを使おうと、躯体との取り合いを間違えれば漏水の原因となります。**「取り合いの技術」こそが住宅技術**なのです。

ディティールを標準化するというと、大手ハウスメーカーの大変な量の設計・施工マニュアルを思い浮かべる人もいるかもしれませんが、そこまでの量も内容も必要ありません。

私もかつて、そのようなマニュアルを作る一員でした。もちろん、マニュアルは間違いのない設計や施工が行なわれるようにと考えて作るのですが、商品開発者側のアリバイ作りという側面があることは否定できません。問題が発生した時に、マニュアルに記載されていれば、そのとおりに施工しなかったことが問題であると主張できるからです。

こうして、とにかく細大漏らさずマニュアルに表現しておこうという方向に向かいますから、結果的に大変な量のマニュアルが出来上がっていくことになります。

これに対して、工務店では標準ディティールを作るメンバーが、そのまま現場監督であったりするわけですから、マニュアルを作るにしても必要最小限の内容が記載されていればよいのです。

会社としての標準ディティールをまとめる

住宅の基本品質の担保を最大の目的として標準ディティールを作っていくと、あまり大げさな量にはなりません。重要なポイントは、それをいつ、どこで、誰が見るのかという視点を忘れないことです。使われるのは二つの場面が考えられます。設計時に設計担当者が参考資料として使うときと、現場で現場監督と職方が納まりを確認したり、チェックするのに使うという場合です。

いつでも現場で使えるようにするためには、どのような形態が良いかと考え、私はＡ４サイズで作ることと、クリアファイル一冊にまとめられることを要件としています。

中身もさることながら、こうした資料は実際に使われなければ、何の意味もありませんから、編集形態まで配慮しておくことが大切です。クリアファイルにしておけば、改廃も容易で管理が簡単です。

よく建物全体の断面で主に高さ関係の寸法を確認するために、標準矩計図《かなばかりず》を作っている工務店は多いものの、独自のマニュアルや標準ディティールをまとめている会社は少ないようです。

逆に、大変立派なマニュアルを制作している工務店もありましたが、なかを見ると、室内の建具や枠材の造作の納め方が少しずつ違うパターンでページを変えて丁寧に描かれています。理屈のうえではすべて異なるケースの納まりを記載しているのですから文句のつけようはありませんが、これは使える資料ではありません。

実際の物件で、その現場の納まりはどのページを見ればよいのか探すだけでも大変ですし、重たくて、いちいち現場に持っていく気にはならないでしょう。実際、私が見せていただいたマニュアルは制作してから何年も経つのに、ページをめくるとパリパリと気持ちの良い音がして、印刷されてから一度も開かれていないことは明らかでした。

本書でいろいろと解説している資料やマニュアルの類は、実務を円滑に確実に進めるための道具として提案しています。したがって、資料としての完成度という点から見たら不備な点があることはわかっていますが、これらはあくまでも道具ですから、それ自身の完成度の向上を目的化してはいけないのです。

前述の立派なマニュアルも、それを作った方が大変なエネルギーを注いだことは想像に難くないのですが、結果として役立つ資料にはなっていないのです。

＊　＊　＊

標準ディティールの内容としては基本性能の担保が最大の目的ですから、基礎、構造、断熱、気密、止水をどのように構成していくかを中心に作ります。

内部造作などは代表的な部分で見せ方の基本を示す程度でも構いません。

和室造作などもいろいろなパターンを考えていくと、いくら描いてもきりがなくなりますから、柱を見せない大壁和室*と柱を見せる真壁和室*の代表的な部分を示す程度でよいと思います。

必ず必要となるディティールとしては次のようなものがあります。

・基礎、土台まわり

大壁と真壁
もともと伝統的な和室は、柱の表面が室内に露出する真壁づくり。マンションや2×4を中心に、柱が隠れる大壁づくりの和室が増えている。

・サッシまわり
・シャッターまわり
・下屋の取り合い
・外壁と軒天の取り合い
・軒先、けらば
・屋根下地、棟換気
・ルーフバルコニー
・造作出窓
・換気扇等のスリーブ
この他自社の独自性のある部分も適宜加えて、整理していきます。

これらの部分は、断熱、気密、止水のポイントとなる部分ですから、会社としての意志統一が必要です。

うちは監督も大工もベテランだから必要ないよ、などと言うなかれ。私の経験では本当に納まりに精通した現場監督は少数です。

大工さんは納まりをよく知っていますが、実は部分、部分の納め方は得意ですが、板金やサッシ、外壁材、屋根材などは専門外ですから、それらを含めて全体を考えながら、部分のあるべき納まりを考えていくのは苦手です。あくまでも会社としてお客様に品質を保証するのですから、ベテラン監督や大工さん個人におまかせでは困るのです。

営業が売って来たものを、大工さんに作って貰うという感覚では、住宅会社としては失格です。

4 コーキングで雨漏りは防げない

――これまでの止水対策にはあまりにも問題が多い

長年、戸建住宅の仕事をしていて不思議に思うのは、雨漏り対策、止水技術のスタンダードがあるようでないということです。

街を歩いていて建設中の住宅を眺めていると、「あれじゃあ、だめだ」と思う現場のなんと多いことでしょうか。雑誌を読んでいると「窓まわりの漏水は建築の宿命」などと言っている設計事務所の人もいますし、隙間をコーキングで埋めることが止水技術と考えている技術者もたくさんいます。

しかし、ほぼ確実な止水方法というものはあるのです。単純な原理です。実際この考え方で、10年以上、工務店の標準ディティール作りをお手伝いしていますが、その後の雨漏り報告は聞いたことがありません。

以前、九州の工務店のお手伝いをしたときのことです。2年のコンサルタント業務を終えた翌年の夏、かなり激しい大雨を降らせた台風が九州を襲いました。気になった私はすぐにその工務店の工事責任者に電話をして様子を聞きました。彼の答えは、

「標準ディティール作成以降の建物は雨漏りゼロでした」

私はホッとしましたが、次のようにも聞いてみました。

「それ以前の物件はどうでした?」

「全棟、雨漏りしました。これから補修が大変です」

止水技術の確立には、まず次の事実を前提として考えます。それは、

【屋根材、外壁仕上げ材の裏側は雨が流れている】

ということです。屋根材については瓦やコロニアルの裏側にもある程度の雨水は入るものの、屋根材のすき間などから排出されるとわかっている人が多いのですが、外壁については認識している人はまだまだ少数派のようです。

▷外壁通気層への雨水の侵入は不可避◁

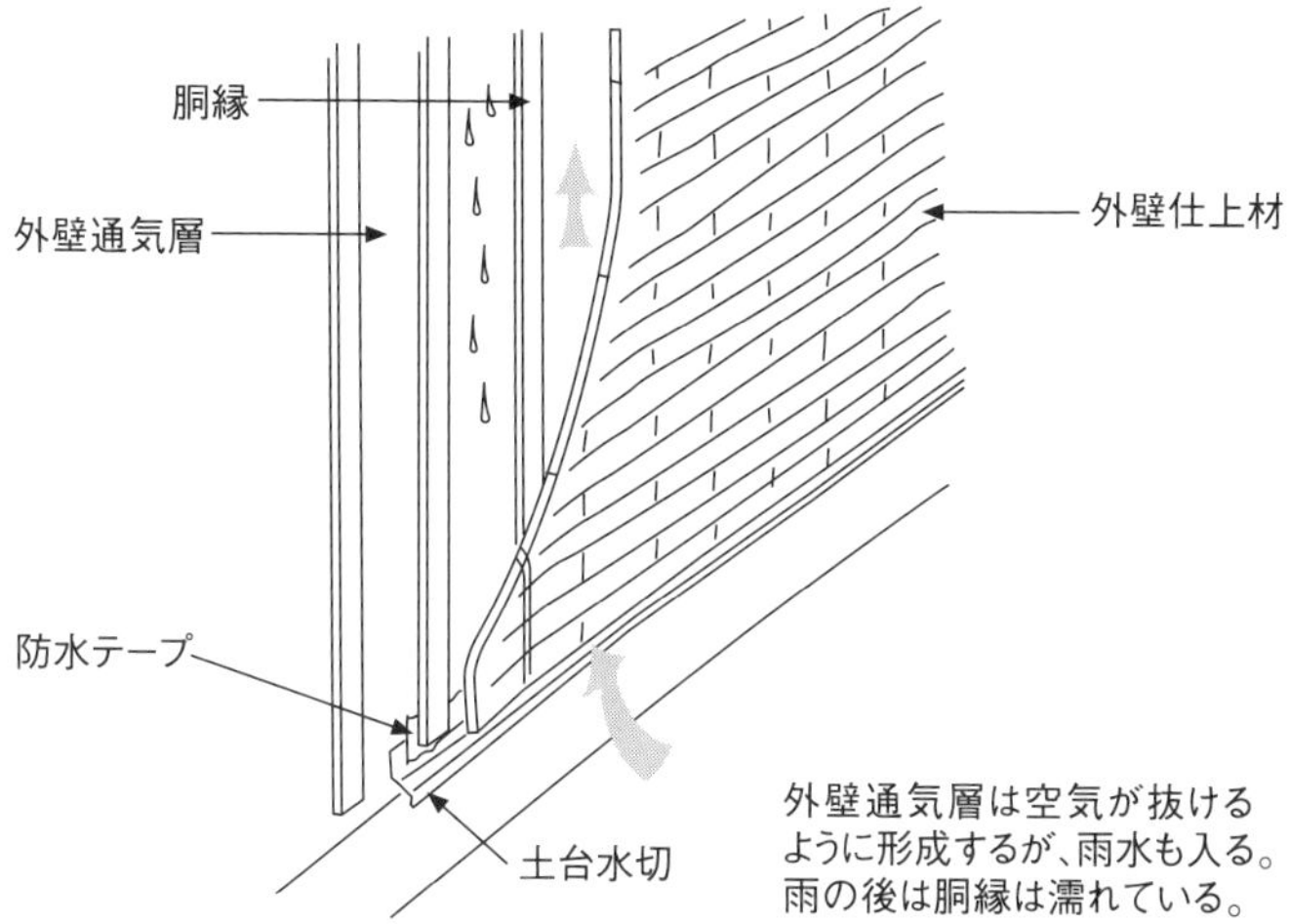

外壁通気層は空気が抜けるように形成するが、雨水も入る。雨の後は胴縁は濡れている。

外壁仕上げ材の裏側、すなわち外壁通気層への雨水浸入は不可避です。この事実は、サッシや外壁材の商品開発技術者の間では常識です。彼らは商品開発の過程で何度も風洞実験を行なっているからです。

風洞実験で水密試験を行なえば、いくらサッシと外壁仕上げ材であるサイディング*の間をコーキングしても、通気胴縁は完全に濡れた状態となります。

考えてみれば、外壁通気層には空気の入り口と出口がありますし、サイディングのジョイント部分のあいじゃくり*が充分な止水性能を持っているとも思えませんから、当然と言えば当然

サイディング
本来は「板貼り」のことだが、いまは窯業系や金属系などの外壁仕上げ材のことをいう。

あいじゃくり
つなぎ目にすき間ができたりしないように、凸凹の加工をして組み合わせるつなぎ方。

かも知れません。

それならば、外壁通気層は無い方が良いのかというと、そうではありません。外壁通気層の形成は必須の要件です。

外壁通気層は構造体内部の湿気を排出して、内部結露を防止するという目的で設置されるようになりましたが、外壁仕上げ材の品質の維持という面からも必要なものなのです。

前述のように外壁仕上げ材には完璧な止水性が期待できないので、雨によって素材に染み込んだ水分や裏側に入った水分は、通気層がなければ、なかなか乾いてくれません。

最近、一般的に使われるようになった窯業系サイディングはセメント系の素材に繊維系の材料を混ぜ、石目やレンガ柄などの型で模様を付けて釜に入れ、加熱してつくります。外側の仕上げ面などは撥水効果や退色防止を考えた、かなり高級な塗装が施されますが、裏側はそこまでの処理はされていません。

風雨に晒されてもまったく問題はありませんが、水に浸かった状態や濡れた状態が続けば、性能を維持していくことはできません。表面にカビがはえたり、ぼろぼろになったりします。

よく、少々古い住宅の外壁サイディングの表面に黒いカビのような汚れを見かけることがありますが、これは外壁通気層がなく、下地に直貼りしているか、あるいは通気層があっても正常に機能しないために、入った水分が抜けずカビが発生してしまったのではないかと思います。

以前、このような現象の外壁の補修方法を問われた、欠陥住宅問題を論評している専門家が「サイディングの隙間をすべて丁寧にコーキングすればよい」とテレビで話していましたが、そんなことをしたら、構造体内部まで腐ってしまうことになるでしょう。

外壁通気層を設けることを前提として考えると、その通気層内には雨水が浸入するのですから、サイディングとサッシやベントキャップ*の隙間をいくら丁寧にコーキングしたところで、建物への止水効果はまったくありません。まして紫外線が直接当たる位置のコーキングは経年で劣化して破断します。サッシまわりのコーキングは隙間から下地が見えないようにするための、美観上の補助部材としての役目を果たすだけのものです。

プロ向けの住宅雑誌などを見ていると、内部結露によって構造体が腐ってしまった事例などが紹介されていますが、私は現状の止水技術に対する無理解を考えると、内部結露が犯人とされている事例のなかに、漏水が真犯人であるものが、かなり含まれているのではないかと疑っています。

止水ラインを形成する具体的な方法

建物の止水性能は下地の作り方ですべて決まります。たとえ外壁仕上げ材がない状態で台風が来ても、雨水が一滴も浸入しないディティールを作ればよいのです。そして、外壁通気層に入った雨水は、そのまま速やかに排出さ

ベントキャップ
外壁につける換気口のキャップのこと。スリットがついているので空気が通る。

れるような構造を作っていくのです。

具体的な考え方は次のようになります。

下地の状態で建物をすっぽりと覆うように、連続した面として止水ラインを形成するのです。下地は、外壁仕上げ材施工後は見えなくなりますし、防水テープなどが紫外線で劣化する可能性もほとんどありませんから、見栄えを気にすることなく、黒い防水テープを貼っていくことができます（196ページ図参照）。

止水ラインは面としての連続性がもっとも重要ですが、それを構成するのは、外断熱であればボード状断熱材の外側表面になります。充填断熱の場合は耐水合板（構造用合板）プラス透湿防水シートです。

在来工法における充填断熱の場合、外壁構造用合板を貼らずに、透湿防水シートのみで下地構成している建物では、漏水しないと考えるほうが無理があります。透湿防水シートだけでは、止水ライン構成材には成り得ないのです。

これは透湿防水シートそのものの防水性を疑っているわけではありません。シート状のものを貼り付け、重ね合わせた部分をホチキスのようなタッカーで固定しても、雨水とともに圧が加われば、その隙間から水が浸入する可能性があるのです。

また、サッシとの取り合いにおいても、サッシフィンを両面テープで押さえた上からシートを貼り付けても、シート状のものの場合、シワをまったく作らずに貼り付けることはできません。シワの部分に圧が加われば水は容易に浸入してきます。

よく上棟後まもなく柱に直接サッシを取り付けている現場を見かけますが、これではその後、どのような納め方をしても、サッシ枠に沿って雨水が構造体のなかに浸入する可能性を排除できないでしょう。

「外壁通気層には雨水が入る」という事実を前提に考えれば、サッシにW－3*やW－4というレベルの水密性を求めるのですから、外壁下地にも同程度の水密性能を求めていくのは当然です。

したがって、止水ラインの構成材料はボード状の材料でなければなりません。充填断熱の止水ライン構成を耐水合板プラス透湿防水シートとしたのは、耐水合板とはいえ、できるだけ濡れないようしておこう、という考えからです。

外断熱の場合、気密住宅とするのが常道ですが、ボード状断熱材で建物全体を包み込むように貼り、ジョイント部分をすべて両面粘着タイプの防水気密テープでテーピングすると、止水ラインが形成できると同時に、気密ラインもできてしまいます。

さらにこの方法は、気密フィルムや透湿防水シートをまったく使わなくても所定の止水性能と気密性能を得ることができるので、きわめて合理的です。

外断熱、気密住宅とするためのコストアップを最小限に抑え、ほぼ完璧な止

W－3
JISに規定されているサッシの水密性能の等級。数字が大きければ大きいほど高性能であることを示す。

▷止水・気密ライン（外断熱）を形成するための概念図◁

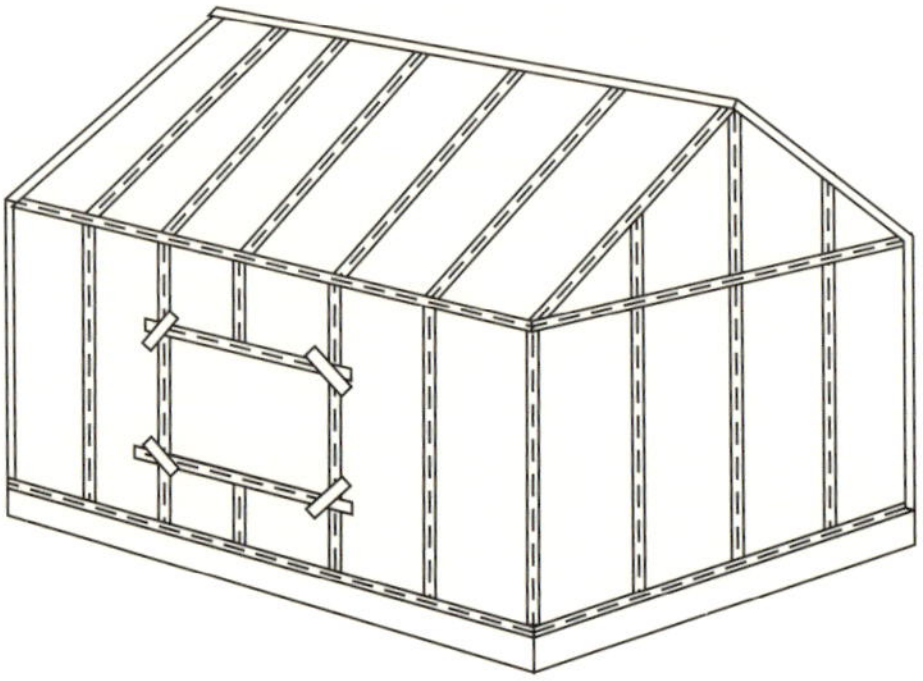

・屋根、外壁をすべてボード状断熱材で覆う（①）。
・断熱材ジョイント部、サッシ取り合い部等は
　すべて両面粘着タイプの防水気密テープを貼る（②）。
・気密シート、透湿防水シートは使用しない。
・この上から胴縁を固定し外壁仕上げ材を取りつける（③）。

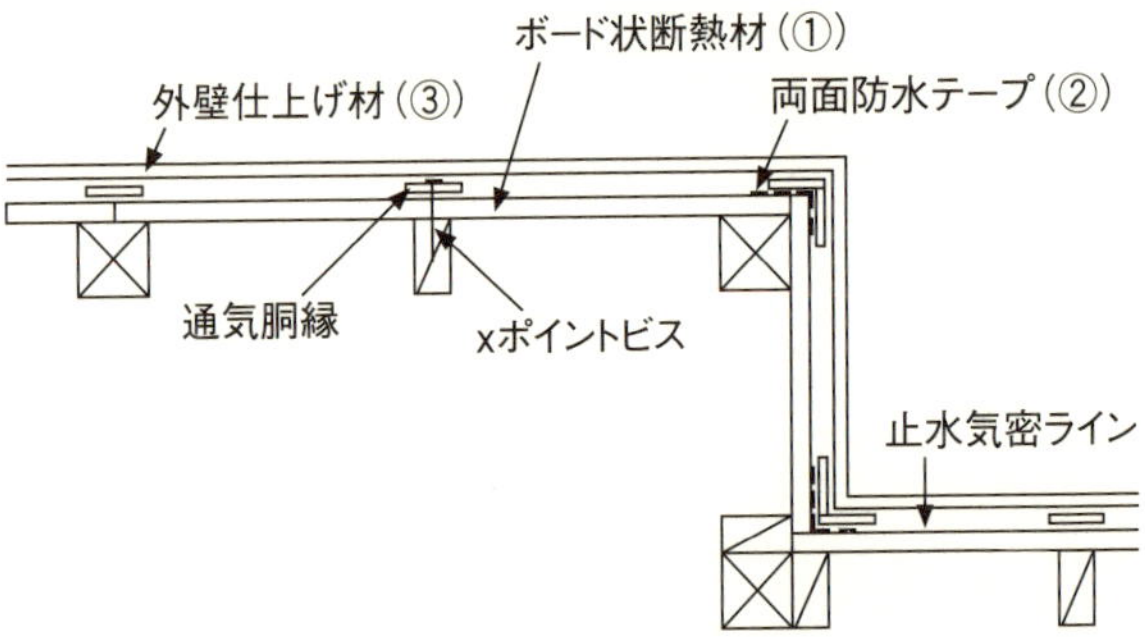

水性を達成する方法です。

＊　　＊　　＊

ボード状断熱材もいろいろな製品があります。断熱性能の高いもの、つまり熱伝導率の小さいものほど断熱材の厚みを薄くすることができます。

充填断熱の場合は、柱の間に断熱材を入れていきますから、少々の厚みの違いは納まりに影響しませんが、外断熱の場合は大きく影響します。薄ければ薄いほど、納まりはよくなります。

熱伝導率だけで考えれば、現在発売されている断熱材のなかで最高性能と言えるのが、高性能フェノールフォーム、次が硬質ウレタンフォーム、そして押し出し法ポリスチレンフォームと続きます。この3種類が高性能断熱材と言えるものですが、私は耐久性、pH、コストなどを総合的に考えると、現在のところ押し出し法ポリスチレンフォームがベストと考えています（ミラフォーム・スキンボード（株）ＪＳＰ）。

サッシや各種水切りなどは、すべてこの止水ラインに固定していきます。外壁通気層を雨が流れるわけですから、胴縁の外側から土台水切りを固定するのはナンセンスであることはおわかりいただけるでしょう。

サッシや水切りの取り付けフィン＊は固定した上から両面防水テープで押さえます。

取り付けフィン
構造体に固定するために製品についている「耳」の部分。

なお、サッシフィンのテーピングですが、コーナー部ではななめ貼りをしましょう。これによってサッシ周囲の水密性能は1ランク上がることが実験で確認されています。

防水テープを両面粘着タイプとしたのには意味があります。サッシ周囲など縦横のテープが重ね合わされる部分は、片面タイプでは粘着できないからです。施工がしづらいことはわかっていますが、テープはすべて両面粘着タイプでなければなりません。

＊　＊　＊

下地の状態で止水ラインの形成ができてから、胴縁を固定して外壁仕上げ材を取り付けます。その際、止水、気密ラインの外側に取り付ける部材は、常に空気の入り口と出口、雨水の出口を確保するよう気をつけます。

木造軸組在来工法において構造用合板の貼り付けは不可欠

繰り返しますが、外壁通気層には雨水が入るのです。入った雨水は速やかに排出されなければなりません。下地による止水ラインがきちんと形成されていて、通気層内に入った雨水の排出がスムーズであれば、漏水問題が起こることはありませんし、外壁仕上げ材の劣化も防げるのです。

したがって横幅の広いサッシの上部中央付近は、コーキングをしてはいけないのです。そこは通気の入り口であると同時に、雨水の排出口でもあるからです。（左図参照）

▷サッシ廻りの防水気密処理◁

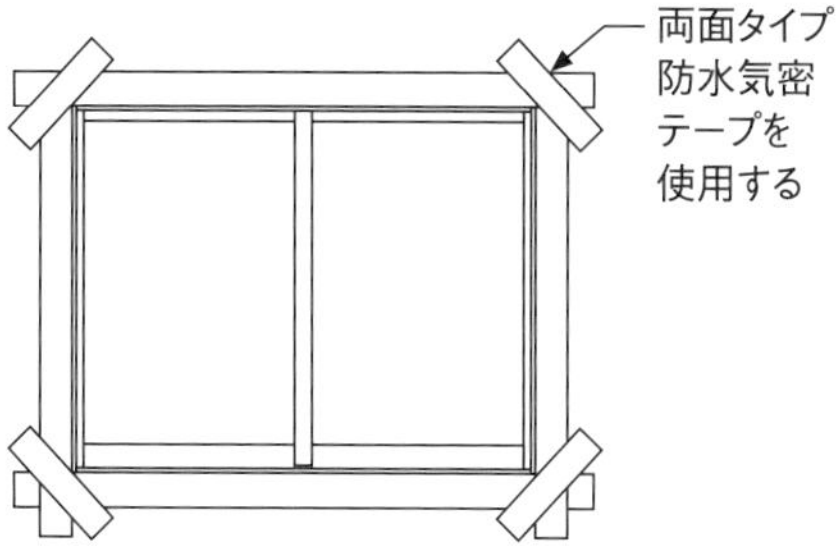

▷サッシ廻りのコーキング処理◁

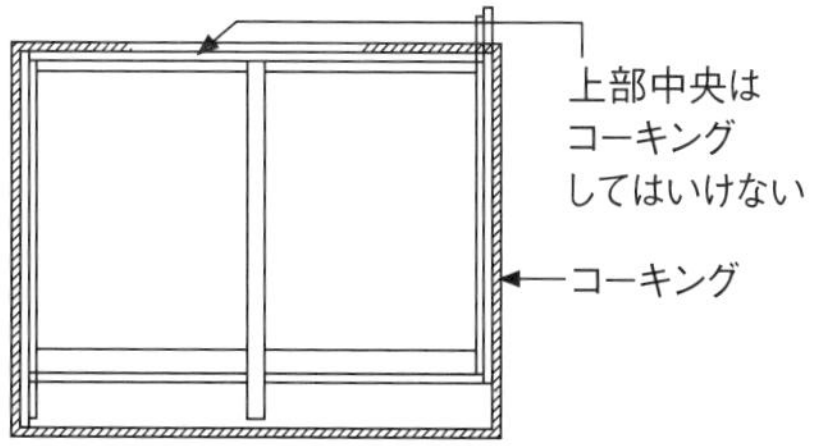

▷「おだれ」による処理では水が抜けず構造体を腐らせる◁

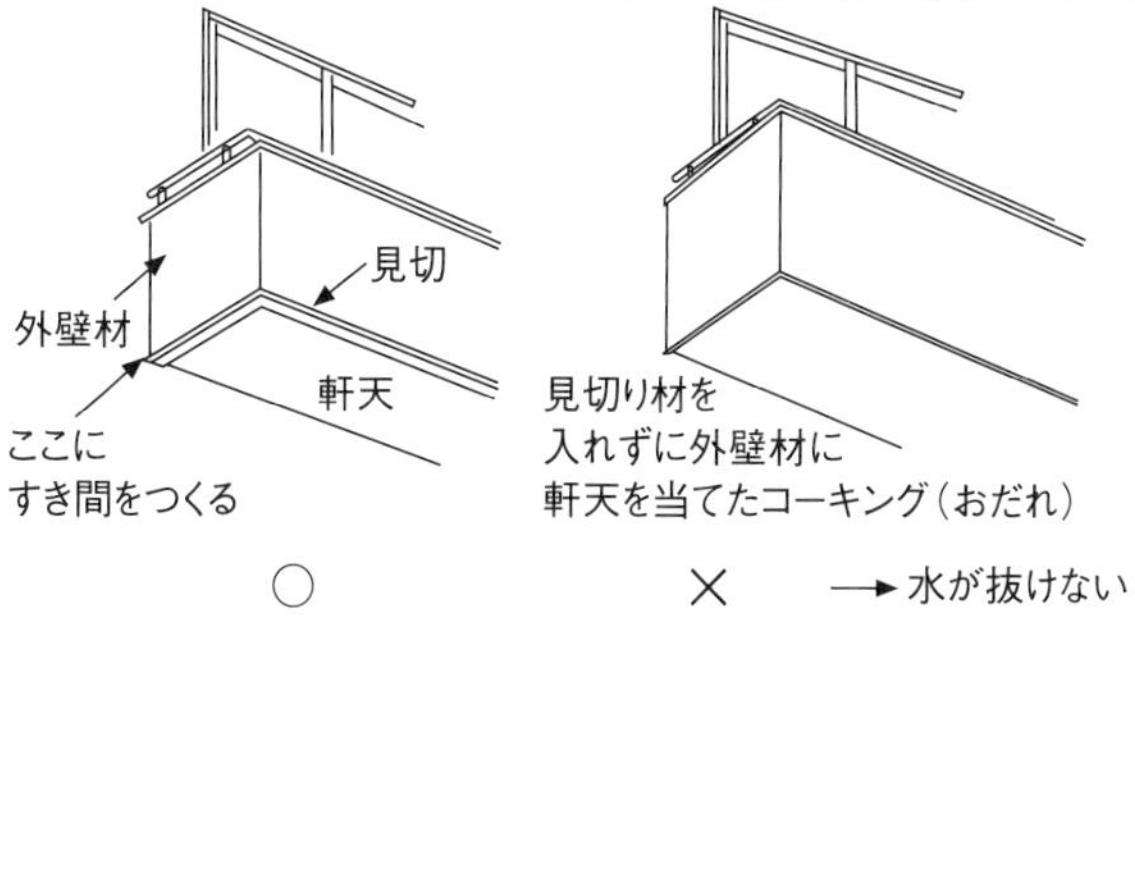

このように考えると、バルコニーの下端やオーバーハング部分の下端の納め方で、見切り材を使わずサイディングに直接、軒天材を当ててコーキングする「おだれ」と呼ばれる納め方を見かけますが、この方法だと、外壁通気層に入った雨水を排出することができませんから、軒裏に回って染みを作るか、外壁仕上げ材にカビを発生させるか、あるいは内部に溜まった水で構造体を腐らせてしまうことになるでしょう（前ページ図参照）。

また、たとえアルミや薄板鋼板の見切り材を施工してあっても、単なるデザイン部品と考えているのでしょうか、見切り材と外壁仕上げ材の隙間を丁寧にコーキングしてしまっている建物も見かけますが、この場合も同様の問題が発生することになります。

充填断熱の場合は外壁構造用合板を止水ラインとして、サッシなどは合板の外側から固定し、周囲をテーピングします。間違っても合板よりさきにサッシを取り付けるようなことをしてはいけません（次ページ図参照）。

サッシの取り付けフィンが合板の内側に入ってしまうと、止水ラインは形成できませんし、外壁通気層に入った雨水はサッシの枠に沿って構造体の内部に導入されてしまいます。

外壁構造用合板は構造耐力壁としての壁倍率*の向上や、家全体をモノコック構造（一体構造）と

壁倍率

住宅の構造設計の一つに壁量計算がある。地震や風の力に対して、どのくらいの壁が必要かを計算し、構造的に必要な壁をバランスよく配置していく必要があるが、この際、重要な箇所は通常の壁よりも2倍、3倍、5倍と耐力が強化された壁を配置することになる。

▷サッシ周りのテープ処理◁

サッシは合板の外側から固定し、周囲をテーピングする

▷外壁構造用合板を止水ラインにする際は
サッシを合板の外側に固定する◁

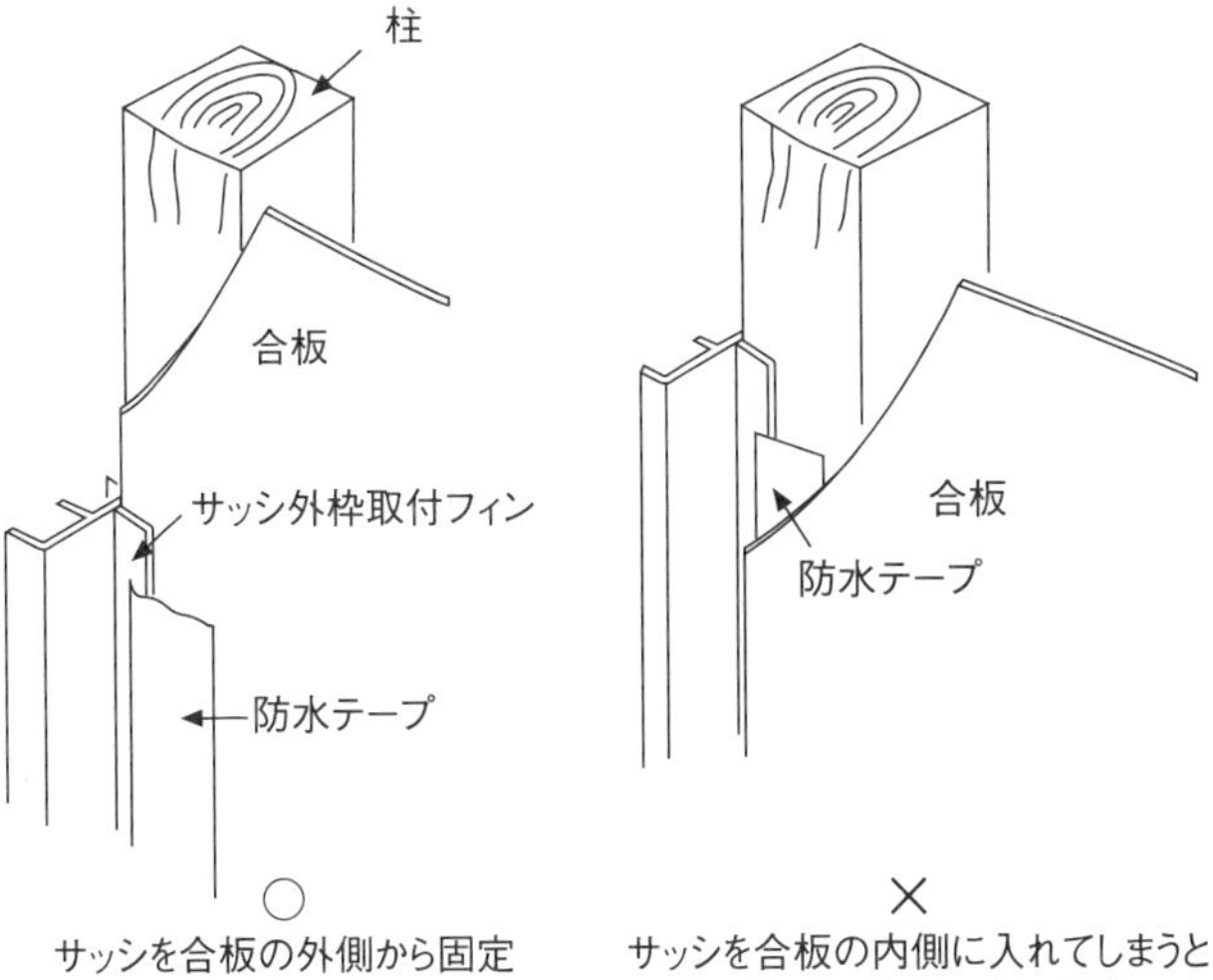

サッシを合板の外側から固定

サッシを合板の内側に入れてしまうと外壁通気層に入った水は構造の中に入る

する構造強度確保の方法として広く普及しています。しかし、構造強度を確保するためには、他に筋交いを必要量設置するなどの方法もあり、選択肢の一つという位置づけになります。

ところが、充填断熱における止水ラインの形成という面からは、外壁下地の合板貼りは欠かせない要素となってくるのです。

木造軸組在来工法においても、外壁下地を面構成とするための構造用合板の貼り付けは、止水ライン確保のためには必須となります。

充填断熱、非気密住宅であるなら、合板同士のジョイント部のテーピングは、直接風圧が掛かる可能性がほとんどないので必要ないでしょう。ただ注意点として、サッシ上部や土台水切りを抑えている両面テープに、透湿防水シートが貼り付かないようにシートをテープ上部でカットしておく必要があります。ここが貼りついてしまうと、雨水がシートの裏側に入った場合、ポケット状になって水を溜めてしまうからです。

これが原因で実際に漏水した物件があったのです。外壁通気層に浸入した雨水が透湿防水シートの裏側にまわり、サッシの上部に溜まって室内側に漏水しました。ですから、外壁通気層の内部は、常に入った水がどこで排出されるかというところを意識しなくてはいけません。

＊　　＊　　＊

本書ですべてのポイントのディティールを解説することはできませんが、基本的な考え方を理解していただければ、必要な標準ディテールを作ることは可能でしょう。

下地段階での止水ライン形成は非常に重要です。技術者の中に、外壁通気層は土台部分から棟換気に至るまで連通させなければいけないと主張する人もいますが、止水ラインを形成していくと、下屋部では通気層の連通ができなくなります。

この場合、止水ラインを優先させてください。外壁通気層は1階部分と2階部分が連通していなくても、それぞれに通気の入口と出口を確保していれば問題ありません。

住宅の基本性能確保のためには、止水ライン形成は他に優先する最重要事項なのです。

これから家を建てる人へのアドバイス

住宅に求められる基本的な品質を作り上げていく技術というのは、それに携わっている技術者の普遍的知識体系としては残念ながら確立されていません。

このような状況の中で、家づくりを計画されている一般の方は、どのようにして住宅会社を選択するのがよいのでしょうか。

最近はインターネットを中心に、ハウスメーカーや工務店とユーザーを結ぶサイトなどもいろいろ出てきています。このような紹介機関を利用するのも一つの方法です。

こうした機関は登録するハウスメーカーや工務店をそれなりに調査しています。

しかし、注意していただきたいのは多くの場合、その調査というのは会社の財務状況などの調査が中心で、技術的側面に関しては公の基準に準拠しているかどうかというレベルに留まります。

本章に述べたような具体的な技術レベルの調査まではなかなかできるものではありません。

第三者機関による検査なども増えてきていますが、これらも基礎の配筋のチェックや構造体が申請どおりに造られているかなど、部分部分の検査が主体にならざるを得ないのですが、住宅の品質を作り上げる技術は、それら個々の技術の相互の関係性の中にこそあるのです。

たとえば、ルーフバルコニーの防水は、防水材の性能、品質の問題よりも防水ラインの立ち上がった部分が、どのように外壁やサッシと取り合うかという点の方が、実際の雨漏り防止の観点からは重要なポイントなのです（次ページ写真参照）。

もしも、幸いにして知人や親戚に住宅のプロがいたら、アドバイスをしてもらったり、同行してもらうのがベストですが、そうした人が身近にいないとしたら、自分の目で確かめていく以外に方

▷ルーフバルコニーの防水とサッシの取り合い◁

防水ラインが立ち上がった部分の取り合いが重要なポイント

法はありません。

とはいうものの、素人が見て専門的にチェックすることなどできるわけありません。そのような時は**建設中の工事現場を見せてもらってください。**それも「現場見学会」など準備されたものではなく、その会社を訪問したその場で、打ち合わせの後、すぐに案内してくれるようお願いするのがよいのです。

素人であってもチェックするポイントは以下のような点です。

①現場の看板や表示がきちんと立っているか
②工事車両が近所迷惑になるような止め方をしていないか
③職人のマナーはどうか
④タバコの吸い殻が落ちていたりしないか
⑤整理整頓はどうか――作業中の現場は散らかっていて当然なのですが、作業中であってもきれいな現場と汚い現場があるものです。

⑥仕事の感じはどうか――ていねいな仕事、荒っぽい仕事というものはなんとなく感じるものです。あなたの印象を大切にしてください。

これらのチェックで技術的判定ができるわけではありませんが、これらがダメなところは技術もダメなところが多いものです。

またその会社の技術者に、使っている材料のことを聞いてください。すべての材料には使っている「理由」があります。答えの内容そのものではなく、それらをきちんと説明できるかどうかが重要なのです。

技術そのもののチェックはできなくても、こうしたことで信頼に足る会社かどうかはわかってくるものです。

6章 工務店の技術開発はこう進める

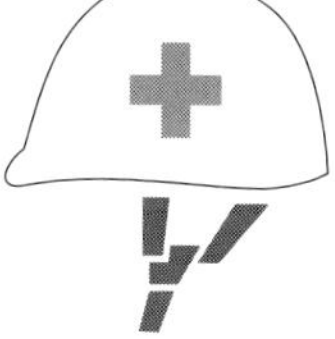

技術開発というのは大きな企業でなければできないというものではありません。販売棟数などの事業規模、スタッフ数などによって技術開発をやれる範囲ややり方が違ってくるだけです。

住宅を構成している材料は、非常に多岐にわたっています。家づくりに携わる技術者の守備範囲は広いのです。その材料すべてに専門的なレベルで精通することは不可能ですが、技術者である以上、基本的なことは知っていなければなりません。

大企業で専門分野の技術開発を行なう技術者と違い、直接家づくりに携わる技術者に求められるのは、知識の深さより広さです。与えられた条件の中で知恵を絞って最善の答えを求めていくというのは、技術者にとっては最高に楽しいことではありませんか。

1 「作る」「探し出す」「見せる」技術を持つ

――「作る」だけでなく「探し出す」のも技術開発

技術開発というものにはいろいろな形態があります。試作、実験を繰り返して独自の技術を構築していくような行為だけでなく、品質を担保するための部材や材料を探し出す行為なども立派な技術開発だと思います。

要するに、その行為によって会社の物づくりの技術力や表現力を向上させる行為すべてを技術開発として捉えると、工務店も常に技術開発を怠らないよう努めなければなりません。以下、住宅づくりで問題となる部分の技術について解説してみましょう。

＊　＊　＊

前章で止水ライン、気密ラインの形成について概略の解説をしましたが、たとえば、この考え方

▷下屋取り合い（外断熱）部分におけるリッジベンツを使ったディティール◁

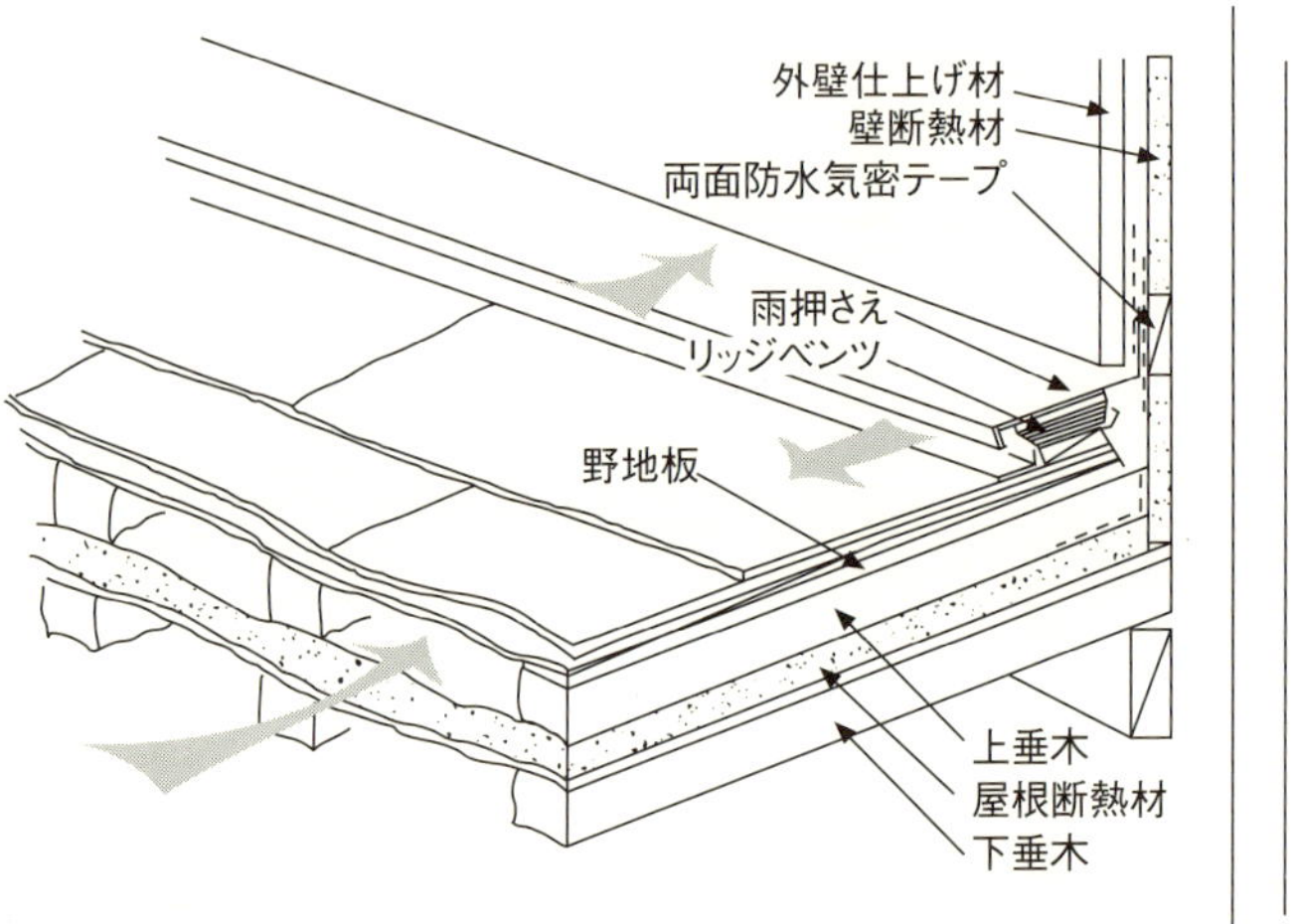

リッジベンツは空気は通すが水は入らない

に沿って各部のディティールを整理していくと、いろいろな部材を必要とすることがわかってきます。

それらの部材や材料を知っていて、簡単に入手できるものなら問題はありませんが、知らなければ探さなければなりませんし、探しても見つからないなら、場合によっては作らなければならないことも出てきます。

その実例をお話ししましょう。

止水ラインの確保を最優先に下屋のディティールを作っていくと、下屋を上がってくる通気と2階壁面の通気層はどうしても切り離さなければならなくなります。そこで、下屋を上がってきた通気は2階壁面との取り合い部分で排出させます。ここは止水ラインの外側とはいえ、屋根材の裏側に雨水を無制限には入れたくありません。そこで、

▷外断熱用のχポイントビス(上)◁

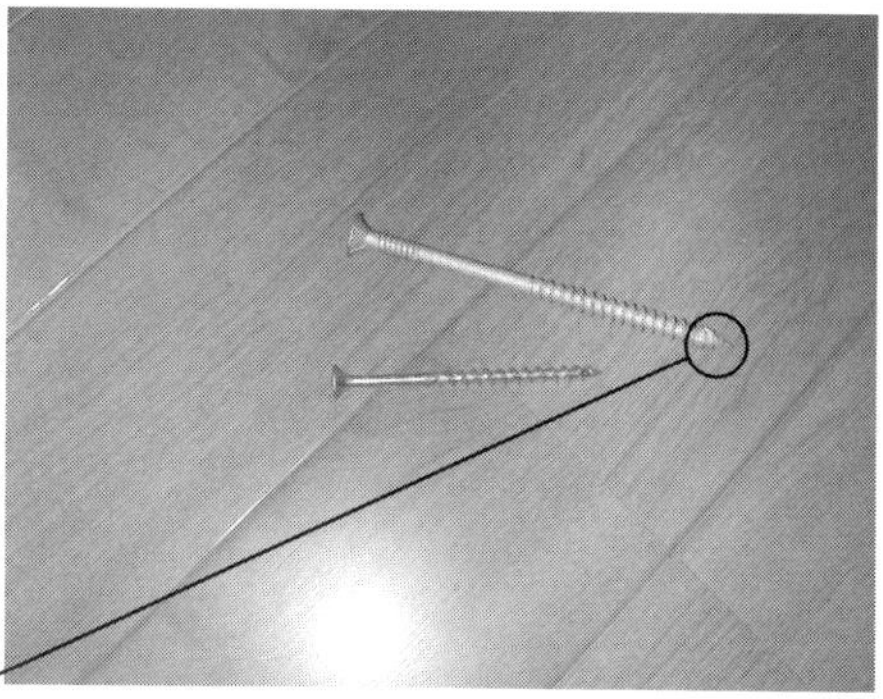

普通のビス(下)に比べて、胴縁が割れないよう先端に特殊な加工が施されている

空気は通しても水は通さない部材が必要となります。

このような部材はなかなかありません。しかし、探してみると、リッジベンツ（日本住環境（株））という棟換気用の部材を半分にカットして納めると、理想的なディティールが出来上がります。

このように品質を作り上げていくためにはいろいろな部材の情報が必要ですし、場合によってはメーカーが考えている本来の使い方とは違う使い方をする必要も出てきます。そのような場合は、相手メーカーとの協議や検証も必要となってきます。

＊　＊　＊

外断熱の問題点の一つに外壁仕上げ材の荷重問題があります。

断熱材の外側から胴縁を固定し、その胴縁に外壁材を固定させます。ここで胴縁を固定するのに普通のビスを使って固定しても、ビスの内側に貫通している断熱材では荷重が受けられず、結果として外壁仕上げ材の重さにビスが耐えられなくなって、経年で外壁材が垂れてくる恐れがあります。実際にそうした現象を見ています。荷重を考えて、通常より太いビスを用いると、今度は胴縁が割れてやはり荷重に耐えられません。

そこで、これを解決するビスを探したところ、外断熱用のビスを作っている会社が2社ほどありました。

これらの会社の方々に来ていただき、さらに現場での施工検証を行なって、大工の感想なども聞き、Xポイントビスを採用することにしました（若井産業（株））。

通常のビスよりもかなり太く、かつ胴縁が割れないように、先端に特殊な加工が施されていて、防錆処理も充分なされてあるようです。かなりコストアップになるのですが、品質のためには仕方がありません（前ページ写真参照）。

＊　＊　＊

外壁の仕上げについては、サイディングだけでは表現力に限界があるので、安定的な品質が保証されるならモルタル仕上げで行ないたいところです。通気層工法を前提に考えると、モルタル下地は乾式の材料のほうが適しています。

そこで、セメントに繊維材を入れてボード状にしたデラクリート（三井住商建材（株））という材料を、サイディングと同じように胴縁の上から貼り付け、ジョイント部を処理して仕上げモルタルを施工すると、品質の安定には良いようです。ボード状の下地ですので、通気層との相性もよく、湿式の方法よりもヘアークラック*などが発生し難くなります。

＊　＊　＊

外断熱、気密住宅とした場合に、断熱、気密ラインを1階床とするか基礎外周とするかという問題があります。1階床とすると、玄関ホールなどの土間部分で気密ラインが切れますから、壁の気密ラインとの連続性の維持は、なかなか難しい問題となります。

これに対して基礎外周とした場合は、気密ラインの連続は単純明快ですから、採用しやすいのですが、ウレタンやスチレンなどの断熱材は、シロアリに喰われてしまう恐れがあります。シロアリは断熱材を食べるのではなく、基礎の上にある木材を目指して、断熱材を喰って蟻道をつけるのです。

モルタルなどで完全に保護すれば、ほとんど問題はないのですが、できればシロアリに喰われない断熱材を使いたいところです。「安心ボード」（ゲーテハウス（株））というガラス発泡体でできた基礎用の断熱材は、シロアリに喰われないうえモルタルで仕上げたあとに、表面を叩いた感触がコンクリートのようですから、基礎外周の断熱には最適と考えます。

＊　＊　＊

ヘアークラック
文字どおり髪の毛のような細かいひび割れのこと。基本的に性能、品質には影響ないが、印象は悪い。

▷「ヘルスコキュアー」による防腐、防蟻処理（黒色部分）◁

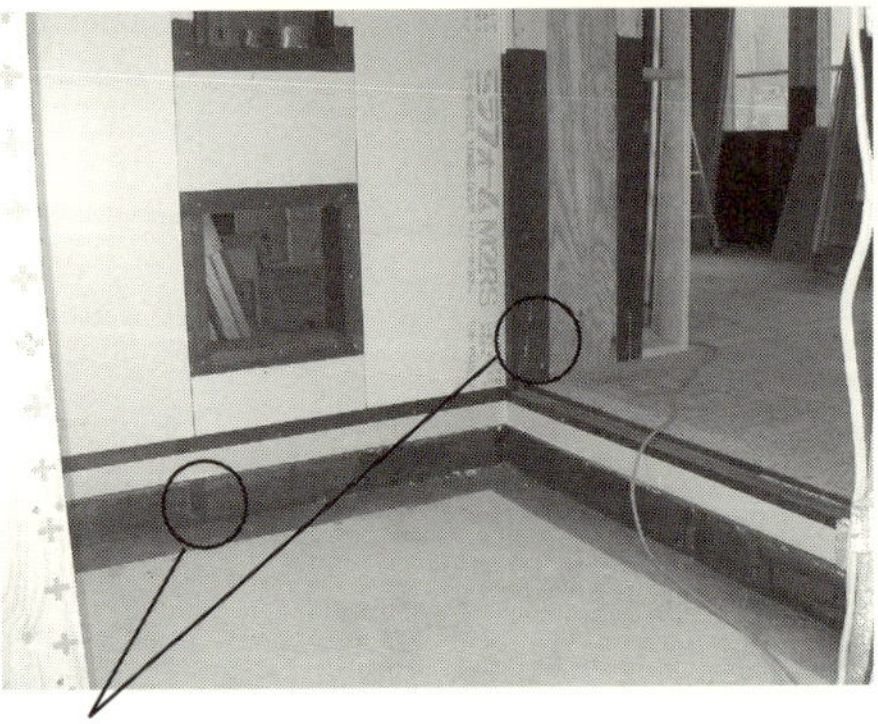

天然素材である液状活性炭を使う。真っ黒なので大変インパクトがある

地盤面から1メートルの高さまでの主要構造部の防腐、防蟻処理について述べます。最近の薬剤は研究が進み、人に対する毒性はほとんど問題がないようですが、それでもできれば天然素材を使って処理したいところです。

しかし、「ヒバ油」などは有効期限などに問題があって難しい。そこで探したところ、液状活性炭による防腐、防蟻材というものがあります（「ヘルスコキュアー」アーテック工房（株））。

実験データを見ると信頼できるもののようです。構造見学会を行なったときなど柱の下部が真っ黒になっていますから、大変インパクトがあり、お客さまにも説明しやすい材料です。ただ、薬剤処理に比べると、かなりコストがかかります。

この他にも新しい部材がいろいろと出てきているようです。品質を担保して住宅をつくり上げていく過程では、必要性能を備えた製品を探すという行為も含めて、作るため

▷薄板鋼板による化粧柱◁

中小工務店でも工夫すれば部材として供給できるオリジナルな商品は作れる

の技術開発が必要でしょう。

美しく見せるための技術開発は中小工務店にも必要

一方、商品としての特徴やデザインを見せるための技術開発も必要です。あるとき、友人のデザイナーに、手伝いをしている工務店の商品設計を依頼しました。

何度かの打ち合わせの末に決定したプランには、商品の外観を特徴づける外部の化粧柱*が何本か描かれています。話を聞くとサイズは２００㎜×２００㎜ぐらいの断面で、色は黒でないとだめだ、と言います。たしかに立面図を見ると、その柱はデザインとして外すわけにはいきません。

もちろん、そのような住宅部品はどこにも売っていませんし、商品として住宅を発表するのですから、モデル棟だけのために作れば

化粧柱
玄関ポーチなど外部に露出している柱で、構造的に必要な場合もあるが、そうでないものもある。外部から見える柱は、外観デザインの要素として一定の演出が必要となる。

よいというものではなく、標準化された部材として供給できることが条件になります。

そこで、4寸角（120㎜角）の柱に合板などの調整材を取り付けて200㎜角として、その上からガルバリウム鋼板のカバーを取り付けることにしたのです。

薄板鋼板の2次元加工は、プレスやロール成型の設備を持った工場であれば、初期投資などあまりかけずに簡単につくれます。知り合いの加工会社に来てもらって、図面を渡して打ち合わせをするだけで、すぐに作ることができました。

出来上がりは予想どおり、黒い梨地のしっかりとした感じの化粧柱となりました。コストも充分に満足できる範囲で、一セット単位での発注が可能です。標準化された部材としてオリジナル化粧柱ができたわけです。

＊　＊　＊

こんなこともありました。

外断熱の住宅を扱っている会社のお手伝いをさせていただいたときのことです。

コンサルトを始めてすぐに、何棟かの完成した建物を見たのですが、どうも外観のバランスが悪く、格好が良くないのです。

どの住宅も建物全体のボリュームに対して、切妻屋根の妻面のデザインの重要な要素となる屋根端部の破風《はふ》が、やたらに大きいのです。事務所に戻ってプロジェクトメンバーの社員に聞きました。

▷「もやもやくん」の実使用例◁

もやもやくん

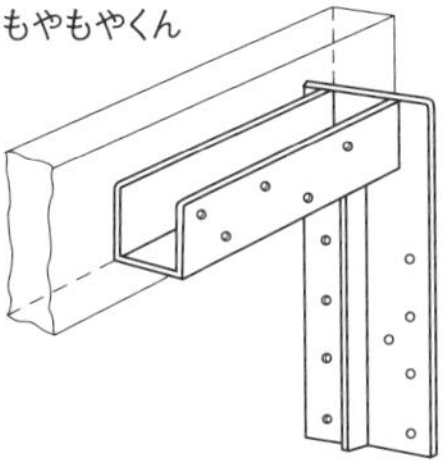

「なぜ、破風があんなに大きいの？」

　すると彼らは、

「屋根断熱をしていると、ああなってしまうのです」

と説明してくれました。屋根断熱を外断熱で完全に行なうと、母屋《もや》の上に下垂木《したたるき》、断熱材受け、断熱材、上垂木、野地板《のじいた》というように重ねていきますから、すべてをカバーしようとすると３００㎜を超える破風が必要となってしまいます。

　私は提案しました。

「話はよくわかったけど何とかしようよ。破風がいつもあのサイズでは、外観デザインなんてできないだろう。こうなってしまうから仕方がないでは、私は納得できないよ」

　それから、メンバーで知恵を出し合い、喧々諤々の議論の末、ある特殊な金物を作れば解決するという結論になりました。

　建物本体から、はみ出している軒の部分に断熱材は必要ありませんから、母屋は建物本体の妻面でカットし、軒の垂木を支える母屋を本体の母屋よりも高い位置に取り付けられるように、金物を設計してみたのです。

本母屋と軒母屋を段違いで繋ぐ金物、名づけて「もやもやくん」の誕生です。

鋼材を加工してくれる会社に依頼して試作品を作り、実大模型で検証です。結局、3〜4回の試作、検証を経て、ようやく完成しました。

これによって、２１０㎜程度の普通サイズの破風も簡単に作れるようになったのです。

＊　＊　＊

住宅商品としての特徴を出したり、美しく見せるための技術開発は、大手ハウスメーカーでなければできないということではありません。

中小の工務店でも知恵の出し方で、いろいろなやり方があるのです。要はあきらめないこと、仕方がないではなく、何とかしようと思う気持ち、そして変なことを変だと感じる感性を失ってはいけないのです。

2 中小工務店でも取り組めるオリジナル部材の作り方

中小には中小なりのオリジナル部材の作り方がある

住宅商品としての魅力づくりや品質を担保するための標準化を進めていくと、中小工務店といえども、オリジナル部材をまったく作らずに家づくりをしていくのは難しいのではないかと思います。「オリジナル部材は金型投資などがあって、大手ハウスメーカーでないとできない」「中小企業が無理に作っても高いものにつくだけ」と検討もしない工務店も多いのではないでしょうか。

たしかに供給する住宅の数が圧倒的に違うのですから、大手と同じことができるわけではありません。たとえば年間2万棟を供給する大手の場合、1億円の金型投資でオリジナル部材を作っても、それが全棟で使えるようなものであれば、2年償却として考えると、1棟あたりの金型償却費は2500円で済みます。

ただ、作れる範囲や作り方に違いはあっても、中小には中小なりのやり方があります。初期投資や発注ロットの問題を踏まえ、素材別にどのように考えればよいかを解説しましょう。まず、はじめにアルミニウム製品についてです。

アルミニウム型材について中小工務店でもできること

アルミニウムの型材は、ところてんのようにアルミの塊を機械にセットして押し出して作る押し出し成型ですが、この工程で型材の断面を作り出すダイスと呼ばれる金型は、それほど高額なものではありません。

大きさにもよりますが、中空部分のないソリッドと言われるタイプなら15万～20万円程度、中空材はダイスがダブルとなるので25万～30万円程度です。これだけを考えたら、オリジナル型材も作れそうな気がするでしょうが、まだ難問があります。

押し出される型材の長さが60ｍぐらいあるのです。ビレットと呼ばれるアルミの塊を押し出し機に一回セットすると、それが何本も出てきます。ですから、どんなに小ロット生産をお願いしても、数百ｍはできてしまうのです。

また、型材端部の切り欠き加工やビス穴の加工は、試作段階では手加工ですが、量産時には加工金型を作って対応する必要があります。この加工金型はダイス型より高額であるうえ、加工箇所ごとに必要となってきます。したがって、加工を伴う金型投資はトータルでは、かなりの金額になってしまうのです。

こうした点を考えると、新しいアルミ型材をつくる条件はつぎの二つの場合にかぎられます。

①年間着工棟数50～100棟以上の供給量があり、全棟で10m以上使う部材で、かつ現場での長さカット以外の加工を必要としない部材であること

②部材のアイデアに高い汎用性があり、メーカー自身が自社の部材として商品化を望むようなものであること

このように書くと、ほとんど不可能のような印象を持たれるかも知れませんが、実際にこのような形で新しい部材を生み出したこともあります。

ただ、やはりアルミについては新しい金型を作る方法は避けたほうが無難でしょう。

そうではなくて、すでにある型材を利用する方法なら充分に考えられます。カタログ上の商品に使われている型材や、カタログに記載されていない型材などを利用できる場合もありますから、メーカーに相談してみる価値はあります。

＊　　＊　　＊

また、アルミ型材の長さ寸法については、工務店サイドでの標準化が条件になりますが、生産ラインによってはオリジナルな寸法が可能な場合もあります。つまり玄関ドアなどで部材構成が型材

のみの構成品の場合、オリジナルの高さのドアを作れる可能性があるわけです。

しかし、色については、オリジナル色は不可能です。アルミサッシの工場を見たことがあればおわかりだと思いますが、アルミの着色工程、とくにアルミの美しさが一番発揮される電解発色の工程は、非常に大掛かりな何層もの着色プールで、たくさんの吊り下げられたアルミ型材を漬け込んで行なわれます。したがって、色についてはそのメーカーで出している色以外は対応が不可能です。

また、店舗などでいろいろな表現に使われる、ショップフロント*という材料があります。これを利用すると、それこそいろいろなことができますが、住宅商品の部材としては不向きです。標準化や性能保証という面で問題があり、一回かぎりの見せ場を作るような場合以外は、使わないほうがよいでしょう。

いずれにしろ、このような対応や相談、情報提供といったものは、メーカーとの密接で良好な関係がなければ成り立ちません。納入価格を競争させて、複数のメーカー製品を扱うようなことをしていては、レベルの高いつき合いはできないのです。

ショップフロント
予め用意されている規格されたアルミ型材を現場に合わせて加工してつくる。店舗などの演出には欠かせない。

薄板鋼板について中小工務店でもできること

次に薄板鋼板を利用した部材について考えてみましょう。

ガルバリウム鋼板や塩ビ鋼板の加工は、ふだんから板金屋さんの仕事でお馴染みかと思います。ちょっとした工事ならその場でお願いして処理してもらってもよいのですが、土台水切りのように、同じ断面のものを毎回必要とするものや、外観デザインに大きな影響を与える部材については、工場で加工したものを現場で取りつけてもらったほうが品質も安定しますし、いろいろな形状をシャープに表現することができます。

この薄板鋼板の加工はプレスやロール成型で行ないますが、ある程度の制約はあるものの、弁当箱のような立体をつくる3次元加工と違って、一方向への折り曲げ加工、つまり2次元の加工であれば、新規の金型を作らなくても対応できます。したがって、上手に利用すれば、いろいろなオリジナル部材を作ることができます。

たとえば、水切りや見切り材を自社の標準ディティールに合わせて作ることなど簡単ですし、前述した化粧柱のカバーのような住宅の外観を構成するデザイン部品を作ることも可能です。

この他に考えられるものとしては、破風、鼻隠し、幕板、霧除け庇《ひさし》、勝手口庇、出窓の上下のカバーなど、いろいろあります。

色や柄については、ガルバリウム鋼板であれば鋼板メーカーのサンプルから色を選択します。塩ビ鋼板は印刷ですから、さまざまな柄や色があります。

このように薄板鋼板は便利な素材といえるでしょう。ただし、部材を作るに当たっての注意点もあります。とくに破風などの長物の場合、途中のジョイント部や端部の処理方法を考えなければいけません。

大手ハウスメーカーなどは破風の端部を樹脂の成型品でデザインしたりしますが、この方法は型が必要となるので工務店にはできません。やはり薄板鋼板を加工して作るなど工夫する必要があります。

また、化粧柱のように、人が容易に触れる部分については、軽く叩いたときの感触がペコペコしていては興ざめですから、下地の作り方や密着性に配慮しなければなりません。

ただ、どんな部材を作るにしても、加工してくれるメーカーの協力を必要とするので、そうした加工技術と対応力を持った会社を探し出すことが先決です。

金属系のものとしては、このほかに薄板ではない鋼材があります。

前述の「もやもやくん」などはその例ですが、溶接には型は不要ですし、荷重が掛かるものなども鋼材を利用して作ることができます。ただ、表に出てくる部材の場合、一般性のあるデザインにはなりにくいので、標準部材としての位置づけには無理があります。したがって、「もやもやくん」のように完成すると隠れてしまう補助部材の材料として捉えたほうが有効な素材といえるでしょう。

木製品について中小工務店でもできること

次は木製品についてお話ししましょう。

商品の魅力づくりの一つとして、室内の造作材や内装ドアをオリジナルで、しかも安く作りたいと考えられている工務店関係者は多いと思います。結論から言いますと、充分に可能です。しかも初期投資もなく、特に高価になることもありません。

最大のポイントは技術力と対応力を兼ね備えたメーカーを見つけることです。

読者の皆さんは、日本で最大の無垢材ドアメーカーのことはＴＶコマーシャルなどでもよくご存知のことでしょう。

このメーカーの工場は何度も見せていただきましたが、品質管理、加工精度、塗装技術、そしてコスト競争力と、どれをとっても大変優れたレベルにあります。しかし、このような大メーカーは、技術力は申し分ないのですが、生産量の多さからいっても、また生産ラインの形態からいっても、工務店のオリジナルドアを作ってもらえる可能性はありません。

こんなこともありました。

ある工務店のお手伝いをしているときに、小さな建具メーカーが売り込みに来ました。タモの無垢材の框ドアのサンプルとその参考価格を持参し、框組のドアならデザインを決めてくれれば、何でも作ります、と言うのです。

価格が大変魅力的でしたので、検討してみようということになったのですが、置いていったサンプルのドアを見ると、何か変なのです。細かく寸法を当たったところ、上下の框に2ミリの狂いがありました。

先方の社長にこのことを告げると、サンプルとして急いで作ったのでそのようなところもあるかも知れないが、納入する製品は問題ありません、とのことでしたので、日を改めて工場を見させていただくことにしました。

工場を見にいったところ、これが問題だらけでした。規模が小さいことは想定していたことですし、別に問題ではないのですが、生産ラインや加工方法が、その道のプロではない私から見ても稚拙なのです。

結局、その場でわかる範囲で加工方法やラインの改善を指示して、こちらの作りたいドアデザインの図を渡し、きちんとした精度のサンプル試作を依頼して帰りました。

その後何度かチャレンジしてきましたが、こちらの要求するレベルの製品にはならず、結局商品化には至りませんでした。

このケースは、オリジナルな対応はできても、肝腎の技術が伴わなかったケースです。

なかなかこちらの望むような力を持ったメーカーに出会うのは、むずかしいのです。しかし、このような意識を日頃から持っていると不思議なもので、それから1年ほど経った頃、知人から、ある建具メーカーを紹介されました。

展示品の建具を見せていただいたところ、非常に完成度が高く、素晴らしい出来です。しかも話を聞くと指定の樹種を使ってデザインやサイズも自由に対応できるうえ、標準化して貰えるなら、少ロットの生産も可能というのです。

生産量もかなり多い会社なのに、社名は初めて聞くものですから、社長にお話を聞いてみると、いろいろな建材メーカーや大手ハウスメーカーにＯＥＭ供給をされていて、自社ブランドの商品は最近になって作ったもの、とのことでした。

たしかに、大手に納入している会社であれば品質管理は厳格になされているでしょうし、多品種少量生産などはお手のものです。

コストも適正と思われる範囲にありますし、高価な樹種を使えば高くなり、安価な樹種なら安くなる、と実に明快な説明もありました。

そこで、この会社の協力を得て、工務店オリジナルドアを作りましたが、充分に満足できる室内ドアになりました（株）コムラックス）。

そのとき同時に、造作材もオリジナルで作ったのですが、このような場合の注意点をお話ししましょう。

天井の周囲に付ける廻り縁や、壁が床と接する部分に付ける巾木《はばき》、室内ドアやサッシの木枠に付

▷ケーシングや巾木のデザインも合理的な形状がある◁

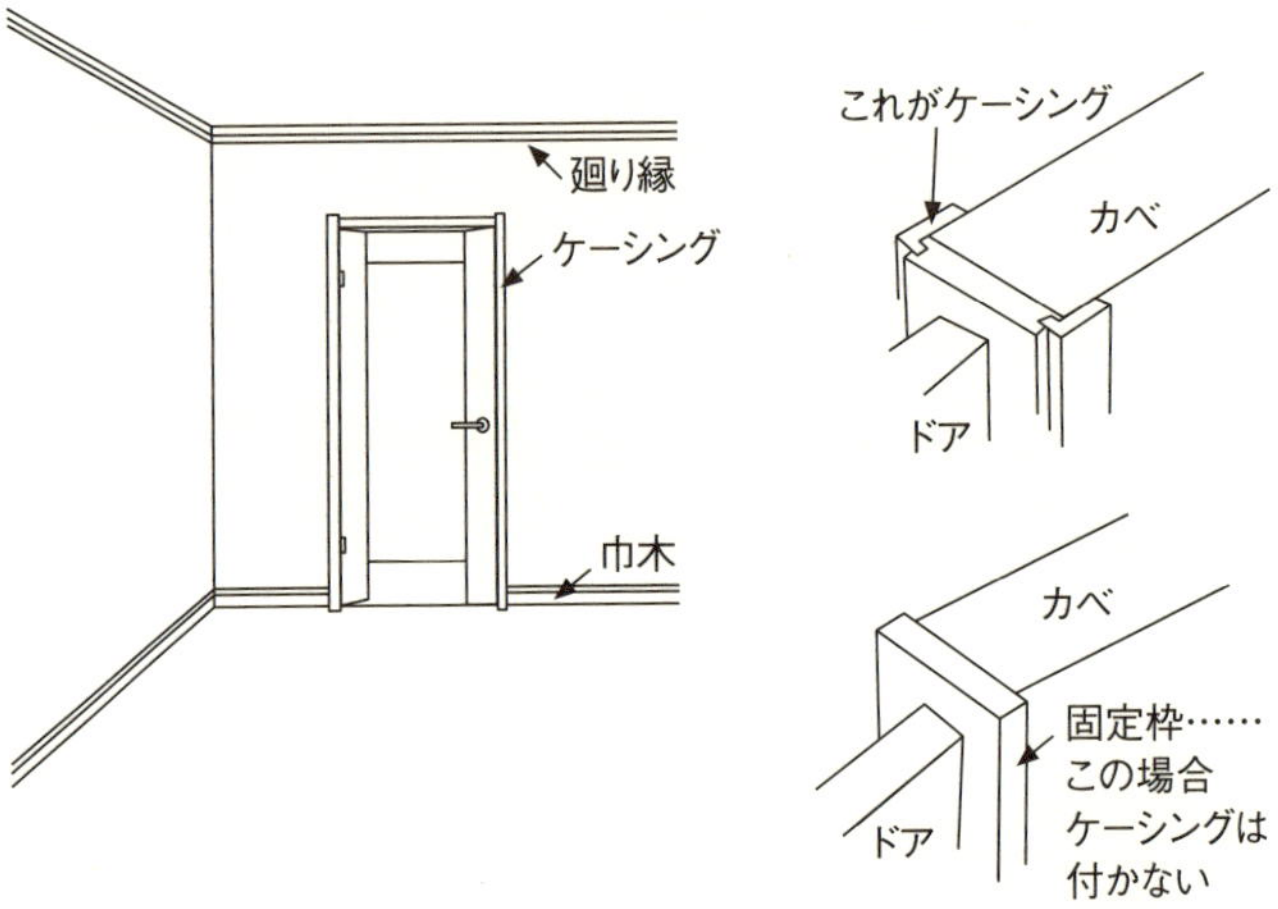

けるケーシングなどのオリジナルデザインを考える場合、闇雲に好きな断面形状にするわけにはいきません。

木材の加工には、その断面に合わせた刃物が必要となります。その刃物の調達コストが初期投資ということになります。ですから、加工メーカーがすでに保有している刃物で作れる断面を考えたほうが合理的なのです。

私は廻り縁やケーシングに斜めのテーパーを付けたデザインをしたかったのですが、メーカーに既存の刃物で無理なく作れるテーパーの角度を教えて貰い、それを元にしてオリジナル断面を設計しました。

このような考え方で加工メーカーと相談しながら進めていくと、造作材のオリジナル化は比較的簡単に実施することができるのです。

オリジナル化によるコストダウンの例を一つ紹介しましょう。

中高級の住宅では無垢材のフローリングはぜひ用意しておきたい部材の一つです。あるメーカーと打ち合わせをしていたときのことです。バーチ（樺《かば》）のフローリングを自然塗料で、透明のクリア塗装をしたものが、価格もそれほど高くなく、なかなか美しいので検討してみようということになりました。

話を聞くと、今見ているサンプルはB品であるとのこと。ご存知の方も多いかもしれませんが、このような木製品にはA品、B品、C品があります。これは品質の違いではなく、木目が美しく、色違いも少なくて、木目がきれいに揃っているものがA品。C品になると木目は荒々しくなって、白い部分や赤味の部分が入り混じってきます。B品はAとCの中間といったところです。

品質に違いはなくとも、価格は大分違います。C品のバーチではどうなのかと聞きますと、「こういうのが好きな人はいますけど、一般的にはちょっと…」といって、サンプルも見せてくれました。

たしかに色違いが激しく、木目が凄すぎます。これでは普通の人には受けないでしょう。しかし価格が魅力的なので何とかしたいと思い、こんな提案をしてみました。

「C品をもっと濃い色で塗装してみて貰えませんか」

するとと先方は、

「バーチのフローリングを濃い色で塗装したことはありませんが、やってみましょう」

数週間後、メーカーの方がサンプルを持ってきてくれました。自然塗料ですから化学系の顔料を入れるわけにはいかず、コーヒーを混ぜたものと、かぼちゃを混ぜたものを作って塗装してみましたということです。

大成功です。コーヒーもかぼちゃも非常に味のある仕上がりになっています。濃い色づけをした場合、C品はその荒々しさが押さえられて味わいが加わるのですが、A品ではきれい過ぎて、のっぺりした印象になってしまう、ということもわかりました。

こうしてC品を使うことで非常に安く、かつ味のあるオリジナルフローリングを作ることができたのです（プレイリーホームズ（株））。

商品住宅では本物の木を使った表現というのは、商品力を高めるうえで重要ですから、いろいろな工夫をしていくことが大切だと考えています。

――樹脂について中小工務店でもできること

素材として最後に樹脂について少し述べておきたいと思います。

結論として樹脂を素材としたオリジナル部材を作ることはお勧めできません。樹脂の成型品は、押し出し成型や射出成型で作りますが、その金型はかなり高価なものとなります。押し出し型で比較すると、アルミサッシのダイス型とは文字どおり桁違いの費用が掛かりますし、スピードもずっと遅く、アルミのような精度も強度もありません。

たしかに、たとえば破風のエンドキャップのような一部の部材はインジェクションによる樹脂の成型品を作ることができれば、便利なものになるでしょう。

しかし、工務店にとって、その金型費用は大きすぎますし、薄板鋼板の利用など他の方法で代替することもできるはずですから、無理に作る必要はありません。

なにより「本物」を表現していくうえでは、できる限り排除したい素材ですし、高級感の演出には不向きの素材であると考えます。

設備品のオリジナル化は組合せで実現する

素材別にオリジナル部材の作り方やオリジナリティーの表現のための利用方法などについて述べてきましたが、このほかに設備品のオリジナル化の方法などもあります。

設備品の場合は、そこに使われている部品一つひとつに大きな金型などの初期投資が掛けられているものが多いという点から、今ある部品の組み合わせというのが現実的な方法となります。

ある工務店のオリジナルバスユニットは次のような経緯で生まれました。

当初、標準とするバスユニットはいずれかのメーカーの商品から選べばよいだろうと、工務店の担当者と一緒に、いくつかのメーカーのショールームを見て回っていました。あるメーカーのショールームでは、普及品クラスの製品は商品のレベルが気にいらず、高級品になると価格が予算に合いません。

メーカーの担当者に対して、いろいろと商品についての論評をしていましたら、

「それならば、要望に合わせて部材を組み合わせてみましょう」

ということになりました。そういうことであればと、浴槽は人造大理石のこのクラスで床材はこれ、壁はこの程度でもよいが、カウンターはこういうタイプでなければ、といろいろ注文をつけました。

1週間ほどすると、こちらの希望したバスユニットの仕様をまとめた書類と見積もりが提出されてきましたが、ほぼ予定のコストで納まっています。何かを新たに作ったわけではありませんが、組み合わせとしては、他では買えない工務店オリジナルバスユニットができてしまいました（(株)日立ハウステック）。

＊　＊　＊

こうしたオリジナル部材や設備を作る際の重要なポイントとして、メンテナンスの問題があります。

板金ものなどでは気にするほどの問題ではありませんが、設備などの場合は10年、20年先のメン

テナンスが問題なく行なわれるように配慮しておく必要があります。

基本的にはオリジナルか否かに関わらず、標準採用した部材については、必ず承認図の提出をしてもらうことです。承認図の内容は図面、姿図のほか、部品図、消耗品リスト、部品保持期間、保証内容などを、できれば統一したフォーマットで管理したいところです。

とくにオリジナル部材についてはこのような正規の記録を残さないと、後々、メンテナンスなどで困った事態を引き起こす可能性もありますから注意してください。

しかし、中小の工務店といえども、商品としての住宅の品質や魅力の向上のためには、オリジナル部材の製作にも積極的にチャレンジしていただきたいと思います。

3 展示会・工場見学は技術者の義務

――「まず目の前の仕事を優先する」という考えを捨てる

会社の規模が大きくなると、商品開発や技術開発は専任の部署が行なうようになります。そこに所属する開発担当者にとって、情報収集や知識を広げる活動は業務の一環であり、各種展示会や工場の見学は、たとえ徹夜仕事が続いているような時期でも、その機会を逃すことは許されません。

一方、中小の工務店では人員にゆとりがなく、技術開発の専任担当者など滅多にいるものではありません。

私がお手伝いをする場合も、プロジェクトメンバーとなる人たちは、設計や積算の担当者であったり、現場監督であったりと、日常の直接業務を抱えている人たちです。

私がメンバーと一緒に進める業務の見直しや技術開発、改善活動などは、日常的にその業務を行なっている人たちと作り上げていくわけですから、成果も現れやすく、それは良いことでもあるのですが、同時に問題も感じています。

彼らは、日々の業務に追われていますから、どうしてもそちらが優先されてしまいます。お客様への対応など、相手のある仕事である以上、致し方ない面はあるのですが、私が感じているのは意識の問題です。

彼らと一緒に展示会や工場見学に行くことがよくあるのですが、それは私の提案によって実施されることがほとんどです。彼ら自身がその必要性を感じて、取引しているメーカーに依頼して工場を見せてもらったり、さまざまな展示会なども、何とか時間を作って見に行くという姿勢が欲しいのですが、なかなかそのような雰囲気にはなりません。

それは会社全体に、そうした活動は暇な人間がやることで、直接、金を生み出さない展示会や工場見学に行くのは遊び半分のようなもの、業者とのつき合いもあるから、誘われて、たまに行くのはいいけれど、そんなことより目の前の仕事に、もっと必死になれ、という雰囲気を感じてしまうのです。

しかし、会社の大小に関わらず、住宅というさまざまな技術要素の集合体を造り出す仕事に携わる技術者にとって、情報収集や自分の知識レベルを高める活動をすることは重大な義務です。

会社にとっても技術力の向上は会社の存続と成長の根幹を支えるものですから、積極的に取り組まなければいけないのです。

実際にモノを見ることが「見る目」を養う

さまざまな工場を見ることがなぜ大切なのかというと、本書で述べてきたような品質の問題やモノづくりの方法、コスト感覚といったものは、部材一つひとつがどのようにして作られているのかを、実際に目にしないと身につくものではないからです。

技術的な問題に直面したときに、どのような材料を使って、どうすれば解決できるのか、何ができ何ができないのか、どの程度のコストでできるのか、どこに頼めばその材料を調達できるのか、といったことを判断できる力を身につけていく必要があるからです。

業者からのお誘いで、物見遊山の気分で工場見学に行くと、

「大きな工場だったなあ。すごい機械が並んでいたなあ。食事に出た刺身はうまかったなあ」で終わってしまいますが、それでは遊び半分と言われても仕方ないでしょう。

慣れないうちは、何がなんだかわからないうちに終わってしまうものですが、それでも構いませんから、とにかくその製品がどのようにして作られていくのかということに関心を持って見てください。たとえ異なる業種の工場であっても、いろいろな工場を見ていくうちに、少しずつ「わかる」ようになってきます。

もちろん、専門的にわかるということではありませんし、その必要もないのですが、業種による特性やそれぞれの部材の生産工程のイメージが掴めるようになります。慣れてくるにしたがい、その会社の品質管理のレベルや製造ラインの優劣、多品種少量生産への対応力、コスト競争力などさまざまなことが感じられるようになってきます。

住宅技術者はその守備範囲が広い分だけ、いろいろなものの工場を見せてもらえる実に幸せな立場にいます。

この恵まれた立場を利用して、自分の知識の幅を広げ、深めていかない手はありません。それが会社のパワーの源となっていくのです。

いろいろな展示会などを実際に見に行っても、探していたものが見つかるといった成果が上がることは稀ですが、それでも行く必要があるのです。

いろいろなものを見るということが「モノを見る目」を養うことに繋がっていきますし、総合的な展示会に毎年行っていると、業界全体の方向性などが掴めてきます。

とにかく、技術者は積極的に外に出掛けなければいけません。「忙しくて行けない」というのは仕事に対する認識そのものが間違っています。目先の業務が大変なのは当たり前です。目の前のこととまったく同じか、むしろそれ以上に重要な仕事なのですから「忙しい」は理由にはなりません。

情報についてもう一つ書いておきたいことがあります。

会社にいると、いろいろな業者が飛び込みで営業に来ることも多いと思います。来るもの拒まず、感謝の気持ちで時間の許すかぎり会いましょう。もちろん、有益な情報は十に一つあるかないか、というところですが、情報のほうから歩いてやって来るのですから、こんな有難いことはありません。「約束していない人とは会わない」などと偉そうなことを言っていては、自ら情報の入り口を閉ざしてしまうことになるのです。

これから家を建てる人へのアドバイス

物づくりが本当に好きな技術者は、いいものを作るための情報を常に求め、困ったことの解決策をいつも考えています。住宅の設計が大好きな設計者は、形の良いデザインや使い勝手の良い間取りをいつも考えています。

あなたが家づくりを決心し、運良く信頼できる住宅会社に出会うことができて、さていよいよ具体的な計画づくりに入ったとしましょう。予算や家族構成はもちろんですが、**設計者が一番知りたいのは、あなたと家族がどんな生活をしたいかということ**なのです。

時折、ご自分で間取り図を描いて、このようにして欲しいという人がいますが、これはあまりお勧めできません。

実を言うと、少々センスのある方なら誰でも間取り図を描くことはできるのです。ところが、そのとおり建てると（建てることができればの話ですが）、いろいろと都合の悪いところが出てくることもあります。こうして家を建てた方というのは、ご自分の設計ですから、感想を聞かれると満足していると答えることが多いのですが、客観的に見て使いにくいだろうなぁと思うこともよくあります。

プロの設計者と素人の間取り図の違いは何かというと、プロは平面を描きながら空間を設計しているのです。空間と空間のつながり、その見え方、置く物が占めるボリュームなどを3次元としてイメージし、外観や屋根の掛け方を考えながら間取りを描いています。これはプロとしてのセンスと訓練を必要とします。ですから、似たような間取りでも実は違うのです。

あなたは発注者ですから、要望を伝え、設計者が描く図面を見て質問し、注文を出し、必要があれば変更してもらえばよいのです。

あなたのイメージを具体的な形にするのが彼の仕事です。まじめな設計者であるほど、あなたの描いた間取りを見て悩んでしまうものなのです。

また、相手がまじめな設計者、技術者だと思ったら、彼の言うことには素直に耳を傾けてください。

もちろん、わからないこと、納得できないことはしつこく聞いてください。

実は一般の方が間違った思い込みをしている場合、これを説得するのが困難な場合があります。

相手も同じ分野のプロであれば、専門的な議論をすれば済むのですが、専門知識のない方に説明の言葉が見つからないということも往々にしてあるのです。

ただ、なかには自分が楽をしたいためにお客様の要望を「技術的にむずかしい」だの「費用が大幅に増える」と言ってごまかす不届きな技術者もいますので、納得できる説明を求める姿勢は大切です。

また、住宅に使われる建材や設備についても、あなたの要望は用途や機能、デザインイメージという形で出すことをお勧めします。テレビコマーシャルや広告などを見て、「○○会社の××という建材を使ってほしい」といった要望は極力避けてください。

あなたは××という製品が持っているある性能や機能が欲しいのであって、その製品そのものが欲しいのではないはずです。その目的を果たすためには、もっと安くて良い方法があるかもしれませんし、その製品を使うと他に変な影響が出るかもしれないからです。

信頼に足る技術者であれば、最善の方法を提案してくれるはずです。

7章 仕事の流れを変える、作る

品質や性能を確実に維持して、間違いのない仕事を続けていくためには、基準やルールが必要です。

基準やルールを確実に守っていくためには一定の管理書式などの書類が必要になってきます。

品質管理について言えば、以前はどこの企業もＴＱＣでしたし、最近はＩＳＯです。

それらの考え方はすばらしいものがありますし、そうしたことを学んで実践していくことはたいへん良いことです。

「形から入る」という考え方もあります。優れた方式に則って「形」を整えれば、自然に内容も伴ってくるということですが、形が内容と分離して形を整えることが仕事になっては本末転倒です。

形式はすべて内容を充実させるための道具でなければ意味はありません。

1 使えるチェックリストの作り方

■――チェックリストは実際に使えなければ意味がない

・成り行き納まり
・かかっちゃった経費
・できたとき工期

これが「工務店の三悪」と私は考えています。

標準ディティールによって納まりを作っていくことと、現場で納める、おっつけるということがまったく異質であることはおわかりでしょうし、価格運用基準を作ることによって経費の管理が明確になることもおわかりいただけたかと思います。

そこで、これら知識を実際の品質管理、工程管理に繋げていかなければなりません。

ある工務店のお手伝いを始めたときのことです。まずは現場を見せて欲しいとお願いして、いくつかの現場を案内していただきましたが、品質管理や納まりにかなり問題がありました。

事務所に戻ったところで、

「現場のチェックリストはありますか？」と聞いてみると、ＩＳＯの認証を受けている会社だけあって、かなりページ数のある立派なチェックリストが出てきました。そこで、

「実際にチェックしたものを見せてください」

と言いますと、最近記入したものが出てきましたが、チェック欄に担当者の印鑑が同じ角度の傾きでずらりと並び、特に記述もなく、現場を見ずに書類だけ整えているというのは明らかでした。

「これ、現場に行かずに書いたでしょう」

というと、相手は、

「やはりわかりますか」

と答えました。

ＩＳＯに則って管理書式が揃っているのは大変結構なことですが、実際の現場はそっちのけで、書類を揃えることが仕事になっているようです。

手段が目的化し、形式を整えることが仕事となっていて、実際の現場は管理不在の状態です。

実際に使わないチェックリストや標準工程表なら、作る必要はありません。ＩＳＯの認証を受け

て、管理書類をきちんと作ったからといって、それで品質が良くなるわけではないのです。

同じように、ルールどおりにやらないのならルールは要りません。

私が工務店のお手伝いをしていくなかで使う言葉は、工務店の方なら誰もが知っている言葉です。みんな聞いたことがある、よく知っている事柄ばかりです。

しかし、「知っている」ということと「やっている」ということには大きな違いがあります。「知っている」ことを生かすためには、その目的を理解して、自分たちが使える具体的な形にしていかなければなりません。

チェックリストや標準工程表、施工マニュアルといったものは、実際の業務を正確かつ円滑に進めるために作るのですから、それを使う人間にとって「使える道具」となるように作らなければ、意味がありません。では実際にそれらを作ったときのお話をしましょう。

標準工程表の作成手順

その工務店はさきほどの会社とは逆に、書式らしい書式がありませんでした。ですが、新たに作るにはそのほうがかえってやりやすいのです。まず工事部門の中心で活躍している人たちに集まってもらいました。

そこでテーマを「新人監督でも間違いのない現場管理ができるツールを作ろう」ということで作

業を始めました。

初めに、その時すでにかなり制作が進んでいた標準ディティールを見ながら、それぞれの納まりの作業手順を整理していきました。

止水ラインの形成を重視した標準ディティールは、特に施工がむずかしいという部分はありませんが、手順を間違えると両面テープを多用しているために、厄介なことになるのです。

ポイントとなる工程の作業手順が整理できたところで、標準工程表の作成に取り掛かります。

標準工期についての話となると、どのようにしたら工期短縮が図れるのか、あるべき工期は何日ぐらいが妥当か、といった議論があります。

たしかに工場での生産化率を上げて、現場での施工の合理化を進めていくと、工期は短縮されるし、品質の安定を図ることもできます。工期短縮は合理的なコストダウンの手段でもあり、建替えの施主にとっては仮住まい費用の軽減に繋がるので、大変良いことなのですが、これは多分に大手ハウスメーカー的発想の論理です。

もちろん、工務店においても、それなりに工期短縮に取り組む必要はあるのですが、そこに拘泥するあまり、あるべき工期を先に設定して、そのなかに各工事をあてはめるようなことをすると、工事の質に問題が出るような事態にもなりかねません。

工期短縮は現実的かつ合理的論拠をもとに、実物件による検証を行なって構築しなければ、成功しないものなのです。

また、一般的に地元工務店に注文住宅を発注するお客様は、特別に短工期を期待していることはあまりありません。いつまでに入居できるかを、契約時点で、はっきりさせておけばよいのです。

したがって、標準工程表を作成する際の工期短縮は、工程を整理するなかで、段取りや手配の効率化を図り、結果として無理のない短縮ができれば充分と考えています。

ただ、理由もなく、長い工期になるのは、それこそ「できたとき工期」ということになってしまいますから、会社として基準となる工程のスタンダードを作る必要はあるでしょう。

標準工程表を「使えるツール」にする

さて、標準工程表を作る作業は、その工務店におけるもっとも平均的な規模の実物件の図面を前にして始めます。

実物件の図面を前に、現実にその工務店で現場管理をしている人間がメンバーとなって、１日１日の作業内容を考えていきます。

できるだけ具体的に、１階天井のボード貼りが何日、それが終わったら、この作業といった具合に整理していくと、ここで樋を付けてしまえば足場が解体できて、今までより早く外構工事にかかれる、などという話が自然に出てくるようになって、劇的というわけにはいきませんが、無理のない工期短縮が図れるのです。

こうした作業を経て作り上げた標準工程表は、その工務店ならではの「使える工程表」になるはずです。

そしてこれをもっと使えるツールにするために、工程に合わせたチェックリストを作っていきます。出来上がった標準工程表を前にして、週単位で何をチェックすればよいか、新人監督がチェックするということを前提にメンバーで話し合っていきます。

すると、工事のチェックリストだけでなく、これに手配リストを加えてしまえば、段取り忘れも防止できるということがわかってきます。

こうして標準工程表に沿って週単位に現場でチェックすべき項目と手配をかけなければならない工事や資材発注のリストを一つのシートにまとめることができます。

このシートを見れば、クロスの色や柄の変更がいつまでなら可能なのか、コンセントの位置変更ができるのはいつまでか、といったことも簡単にわかりますから、現場監督がお客様と打ち合わせをする際にも大変便利です。

何よりも大手ハウスメーカーではなかなかできない、ぎりぎりまでの変更対応が、図面上での打ち合わせではなく、お客様自身に実際の建物のなかで考え、イメージしたうえで決めていただくという、きめ細かなサービスを提供することができるのです。

そしてこのシートを、お客様にもその場で見てもらうことによって、逆に無理な変更を防止することもできます。

このようにして出来上がった標準工程表、工事チェックリスト、工事手配リストの三点セットは、現場の成績表としての存在というよりも、現場担当者のための工事手引き書として、使える生きたツールとなるのです。

クレームを会社の財産にするために必要なこと

次に、クレーム処理についても少し触れておきたいと思います。

よくクレームはチャンスであるとか、財産であるといった表現を耳にしますが、営業的な意味ではクレームに真摯に取り組むことによって、逆に顧客とのコミュニケーションを図り、信頼を得て再受注に繋げていくということになりますが、技術的な面から言うと、クレームの記録とその後の扱いによって、財産となるか、ただの負担となるかが決まってきます。

クレーム処理票は、概ねどこの工務店でもそれなりに備えられています。記載されている内容は、現象、原因、処理方法、処理費用といったところです。

しかし、クレームを会社の財産とするためにもっとも重要なのは、再発防止策です。クレーム処理票には、この欄がなければなりません。

もちろん、すべてのクレーム案件に再発防止策が必要ということではありません。クレームの半分はナンセンスコールでしょうし、単純な施工ミスは注意喚起程度の対策で充分です。しかし、なかには技術的な改善策を必要とするものや、犯しやすい間違いといった内容のものがあります。

これらに対する再発防止策の情報を関係社員全員が共有できて、初めてクレームが財産となります。

クレーム処理票には再発防止策の欄を設けて定期的に関係社員全員による会議を行なってください。その場で再発防止の方法の確認と技術開発を要するものがないか、検討してください。

また、現象別に統計を取っていくことも必要です。統計をとっていくと、自社の技術的弱点が見えてきます。当初、単純な施工ミスと判断していたものが頻発するようなら、その対策が必要となることもあるのです。

大手プレハブ在籍時にこんなことがありました。

ある時期、オリジナルバルコニーの取り付け不良のクレームが増えてきました。しかし、そのバルコニーは発売されてから10年近くが経過していて、施工上の問題はほとんど起こしていない製品です。本社開発部門としては、初めのうちは現場の施工問題として対策は不要と考えていましたが、毎月の事例が増えていくばかりです。そこであるとき、社内のクレーム対策会議で、これだけクレーム事例が増えてきたら、もはや現場の問題ではなく、製品の設計問題である、ということになりました。

以前は問題がなかったとしても、今は問題になるということは、現場の施工レベルが落ちているということになるのですが、落ちたレベルでも間違いのない施工ができるように製品の設計変更を行なうべきである、ということになったのです。

結局、それから技術的改善の検討を行なって、取り付け用の金具を３パーツから２パーツに設計変更するなど、金型を新たに作り直すほどの改善を実施した結果、クレームは激減することとなりました。

このようにしてクレームに対する対応は状況に応じて変化することもありますし、対策が会社の技術力を向上させるきっかけにもなっていきます。

また、現場における失敗などは「べからず集」などとしてファイリングしておくと、実践的で素晴らしい使える資料になります。

失敗は誰でも隠したいものですが、失敗情報の共有こそ、組織力向上のための重要な要素ですから、自分の失敗を進んで明らかにできる組織づくりをしていかなければなりません。

問題が発生すると、原因究明よりも犯人探しを優先させて、挙句にペナルティーを科すことで再発を防げると思っていたら大間違いです。そんな組織に未来はありません。

2 CAD連動型の自動見積システムと業務フロー

自動積算システムを十二分に活用する

見積りについては、小さな工務店でも何らかの形でコンピュータを利用するのが常識となっていますが、昨今はCAD連動の自動積算システム*も増えてきているようです。

私はコンピュータプログラムについてはまったくの素人ですが、工務店によるシステム導入の際のカスタマイズ作業では、工務店サイドの視点からシステムがどうあるべきかを見てきました。

CAD連動の自動積算システムの導入は、見積り業務の効率化という側面だけで捉えると、何時間で一件の見積りができるという点にばかり関心が集まり、経営者も1日何件の見積りができるようになった、それが投資に見合っ

CAD連動の自動積算システム
現在は住宅にかぎらず図面の作成にはコンピュータを利用するCADが一般的。コンピュータで作成した図面から自動的にデータを読み取り、見積書を作成するシステムのこと。

た効果なのか、という限定的な範囲での評価をしがちです。

しかし、せっかくお金を掛けて導入するのであれば、もっと広い視点から捉えてみる必要があるのではないでしょうか。

ＣＡＤ連動自動積算システムは、上手にカスタマイズをしていけば、業務フローの中心をなす存在として活用することができます。

まず、はじめに価格運用基準との完全な連動を図る必要があります。そのためには工事項目の一致は当然のこととして、一つひとつの項目の積算算出基準のすり合わせを行なわなければなりません。

基本的には価格運用基準に合わせてシステムの演算式の修正を行なうべきですが、コンピュータが拾う計算のもととなる数値データは、ある程度かぎられているので、場合によっては逆に運用基準のほうを修正した方が良いものも出てきます。

この価格運用基準をもとに単価マスターを作成すれば、見積りシステムとして、見積書と実行予算書の作成ができるようになります。

このような最終的な見積書の出力は汎用の表計算ソフト、エクセルなどのデータとして出力されます。

そこで工事項目データ作成時に工種別、発注業者別のフラグをつけて、見積書作成時に業者別にソートをかければ、取引業者ごとの発注リストが同時にできてしまいます。

しかし、これを実行するためには一つの工事項目に複数の発注相手ができないようにする必要があります。たとえば、土台水切りを材工で板金業者に発注する場合は、項目は一つでよいわけですが、材料を支給して板金工に取り付けて貰う場合は、材料と工事の発注先が分かれますから、二つの項目が必要となります。

このように一つひとつの項目をチェックして価格運用基準をもとにシステムのカスタマイズを行なっていく必要があるのです。

また、工種別のソートによって工事台帳を同時作成することも簡単にできます。書式は自分たちが使いやすいようにエクセルで整理すればよいわけですから、むずかしいことはないでしょう。

さらに、この自動生成された工事台帳に標準工程表、工事手配リストの情報を書き込めば、工事の出金管理表ができてしまいます。

これを見れば、月別の出金予定を作ることができ、これらを毎月集計すれば、資金繰り表の外注加工費の出金予定の精度が上がります。経営的にもきわめて有用なデータが作れるということです。

＊　　＊　　＊

このように、会社の入出金管理のしくみの一環として自動積算システムを捉えると、そのシステムの完成度が会社全体の効率化に大きな影響を及ぼすことがおわかりいただけるでしょう。

ですから、見積り時間の短縮も重要な要素ですが、それだけを目的にシステム開発に取り組むべきではありませんし、それだけの側面を見て成否を判断してもいけません。

積算システムの多機能化は止めたほうがよい

ただ、コンピュータによるシステム開発を行なう場合に、もう一つ出てくる議論として、そのシステムを使ってプレゼンテーション用の図面は作れるのか、あるいは契約図面が作れるのかといった話があります。

このようなシステムの多機能化はお勧めできません。あくまでも積算システムに軸足を置いて完成度を高める努力をすべきでしょう。

前述の工事台帳への展開などは積算システムからの垂直的な展開ですから問題ありませんが、プレゼンテーション図面などのように、異質なものへの水平展開は、すべてが中途半端なものとなって失敗します。

プレゼンテーション用のソフトが必要であれば、表現力の優劣だけを尺度にまったく別のソフトを購入したほうがよいでしょう。積算システム開発の結果、副次的に契約図面ができたらラッキーという程度に捉えておくほうがよいと思います。

自動積算システムの開発とその垂直展開ができると、今まで述べてきたさまざまなツールが一つの明確な管理体系として整理されてきます。

標準ディティール
標準工程表
現場チェックリスト
工事手配リスト
価格運用基準
自動積算システム
見積書
実行予算書
発注リスト
工事台帳
出金管理表

これらがシステムとして動きだすことによって「しくみで品質をつくり」「しくみで利益を生み出す」という会社のかたちができてくるのです。

すべての前提となるのが、「丈夫で長持ち雨漏りしない」の基本品質を１００％担保し、「一物一価の大原則」のもと、標準化を進めていくということなのです。

3 会社の営業力を高める組織と戦略

営業マンはお金についての知識を身につける

中小工務店の市場における立場や進むべき方向性、また原価管理、価格管理、技術管理と、それらを繋ぐ、しくみづくりについて私なりの考え方を述べてきました。

大手ハウスメーカーでの実務経験の後に、中小工務店のお手伝いを長年行なっていますが、戦略と戦術を間違えなければ、中小工務店が大手に負ける要素は何もないと考えています。

ただ、大手と同じ路線を追いかけ、同じ手法で戦えば勝ち目はありません。

ある大手ハウスメーカーのテレビコマーシャルで「コンサルティング・ハウジング」というキャッチコピーが使われています。実は中小工務店が目指すべきものこそ、まさにこれでしょう。

親切、丁寧をモットーに、プロがすべてに対応する会社、そのような組織づくりが必要です。

工務店が取るべき戦略として、技術者、特に現場監督を重視する組織についてはすでに述べましたが、そうなると営業社員の役割はどうなるのか、肝腎の探客、集客はどうしていくのかという問題があると思います。

お客様が住宅を建てる際に知りたいこと、プロのアドバイスが欲しいことが何であるかを考えてみれば、住宅そのものの技術的な事柄と並んで、お金の問題が大きいことは当然のことでしょう。プロの技術者と並んで、ファイナンシャル・プランナーの有資格者とまではいかなくても、資金や融資に関する有益なアドバイスをしてくれる人がいれば、これほど心強いことはありません。

住宅の技術的な説明や間取り、仕様の打ち合わせは技術系のスタッフに任せて、営業系社員は、お金に関するアドバイザーを目指すべきでしょう。

ここまでできれば、まさに家づくりのプロ集団、ということになるのではないでしょうか。

——集客は「情報公開」「客観性」をキーワードに

探客や集客の方法に関して「こうすれば間違いない」などという方法は、残念ながら私は知りません。

「ローコスト住宅」市場の営業展開は、今後もあまり変わらないでしょう。毎週大量のチラシをばら撒いて、値引きとおまけのキャンペーンで人を集め、たくさんの風船とキャラクターやビンゴゲームでイベントを盛り上げ、お土産を渡して記名をもらう。あとは住宅のことなどろくに知らない営業マンが、気合と勢いで売りまくる、というお馴染みのパターンです。

しかし、このようなパターンでは住まいの質を考え、中高級の注文住宅を検討されているお客様は振り向いてくれないどころか、敬遠されてしまうことでしょう。

「商品住宅」市場における今後のキーワードは「情報公開」と「客観性」であろうと思います。

いかにしてまじめに家づくりに取り組んでいる会社であるかを知ってもらうためには、どこまで透明性を表現できるかということを考える必要があります。

間違いのない技術、厳選された材料、明解な価格根拠、これらを表現し、発信していく方法を考えましょう。

発信していく手段としては、ホームページなどＩＴの利用の重要性が年々大きくなってきています。今はかなりの人たちが、調べものをするときはまず、インターネットで検索してみるという時代ですから、工務店のホームページも、器用な社員の趣味の延長といったレベルのものではなく、少々お金が掛かっても、もちはもち屋、プロの力を借りたほうがよいと思います。

技術の公開方法は現場見学会など定番の方法もありますが、たとえば、現場に定点カメラを設置して、施主が24時間いつでも工事の様子を見られるサービスなどということも、手間さえ惜しまなければ、さほどの費用をかけずにやれるのです。

食品業界の「トレーサビリティー」にならって、使われている材料一つひとつの履歴、いつどこの工場で誰が作ったかといったことまで明らかにすることもできます。

価格運用基準を利用して住宅の価格構成を明解に示していく方法もあるでしょう。

住宅業界における情報開示の方法は、まだまだこれからですから、知恵の絞りどころだと考えています。

わずかな費用でも「使える部材カタログ」は作れる

営業ツールなども、大手のようなお金をかけた立派なカタログは作れませんから、中小ならではの知恵を絞りましょう。お客様にしても、別にカタログを買いにくるわけではないのですから、造る家のことがわかればよいのです。

これは私がいつもやる方法ですが、部材のカタログについてはほとんど費用をかけずに作る方法があります。

標準仕様に設定した部材については解説カタログが欲しいところですが、メーカー各社が提供してくれるカタログを利用していたのでは、分厚いカタログを何冊も用意しなければなりません。それでは住宅会社のカタログではありません。採用した部材はメーカー各社の一部の製品ですから、その情報だけがあれば充分です。

そこで自社なりのフォーマットを作り、そのフォーマットに合わせて各メーカーにカラーコピーでカタログを作って貰います。一品目一ページで統一フォーマットにまとめることができると、これを集めれば部材カタログが出来上がるわけです。

持ち歩くことを考えるとＡ４サイズにしたいので、見開きで一品目としてＡ４用紙２枚一組としてフォーマットを作ると、クリアファイルにきれいに整理することができます。

さらにこのフォーマットのなかに価格運用基準書の記載ページの情報を入れておけば、部材の価格情報もすぐに調べることができて便利です。

Ａ４クリアファイルに入れたカラーコピーですから、製品の改廃に合わせたページの入れ替えも簡単にできます。

何よりも良いのはクリアファイルの購入費以外に費用が発生しないことと、フォーマットを考えて各社にお願いするだけで、作る手間がほとんどいらないということです。

住宅そのもののカタログについて言えば、注文住宅の性格を考えて、設計者の写真を入れた作品集のような体裁でパネルなどにしておいて、気に入った設計者を選んでいただくといった仕掛けなども考えられますし、いろいろと工夫の余地はあると思います。

集客方法についても、お客様は客観的な情報が欲しいのですから、社外の講師を頼んで「家づくりセミナー」などを開催する方法もあります。仲間数社で集まって開催すれば、宣伝臭さも少しは軽減できますし、費用負担も小さくできます。

大手のようにお金はかけられなくても、「商品住宅」市場は知恵の勝負です。うまくいかないのはまだまだ悩み方が足りないから、と考えて知恵を絞ってみましょう。

きちんとした技術管理、原価管理のしくみを作り、プロが始めから終わりまで責任を持って仕事をしていく会社として地域の信頼を不動のものとしてください。

4 業務改善プロジェクトの進め方

業務改善はプロジェクトチームで進める

さて、ここまで書いてきたようなことを参考に業務の改善をしてみようと思われた方のために、最後に具体的な改善プロジェクトの進め方について、少し解説をさせていただきます。

中小の地場工務店の場合、このような改善業務に専任で担当者をおけることはまずないと思います。また、この改善業務は営業、設計、工事とすべての現業部門に影響を与えますから、専任の担当者では、むしろ各部門から反発を受けてうまくいかないということもあり得ます。

したがって、現業の日常業務を抱えている社員のなかから、今後中心となって会社を支えていくと考えられる社員数人を選んで、プロジェクトチームを作って進めるのが、もっとも現実的で良い方法だと思います。

人数的には３～５人程度が最適です。ただし、仕事があまり忙しくない社員を選んでも、うまくいかないのは当然で、メンバーとして必要な人材は、必ず忙しい人にならざるを得ません。

プロジェクトの会合は毎週決まった曜日、時間に行なわなければいけません。その日時は予めわかっているのですから、基本的にメンバーの欠席や遅刻は認められないという強い意識が必要です。

日常業務を抱えているメンバーの場合、ともすれば、そちらの業務を優先させたくなりますが、「お客様との打ち合わせが入ってしまいました」「現場のほうが今、大変なので」といったことも認めてはいけないのです。

プロジェクト会議があることはわかっているのですから、スケジュールの調整はできるのが当たり前です。こうしたことを「お客様との打ち合わせでは仕方がないな」などと認め始めると、たちまちプロジェクトは頓挫してしまいます。

中小工務店の場合、目の前の業務が重要で、すぐに利益が出るわけでもない改善のためのプロジェクトは、スケジュールが空いていたら参加します、といった態度で臨む社員を往々にして目にしますが、このような社員はメンバーから除外しなければいけません。

プロジェクト会議の具体的進め方

プロジェクト会議の具体的な進め方についてお話ししますと、基本的に会議というよりも実務的に作業を進める場としなければ、うまくいきません。

また進める内容についてメンバーに振り分け、次回までにそれぞれが検討してくる、という方法はうまく行きません。これをやってしまうと、こうした業務に慣れていない社員は結局、何をしたらよいかわからないまま、次のプロジェクトの日を迎えることになります。ですから、どの内容についても、その場でメンバー全員が考え、作っていくというスタンスが必要です。

価格に関する資料など、内容が多いものはフォーマットづくりを全員でやり、中身についても、少なくとも一割程度はその場で作り上げます。そして残りの部分についてはメンバーの誰かの宿題とするのがよいでしょう。

ディティールづくりなども基本的にホワイトボードなどを使って、どのような納まりとするかをその場で全員が参加して作ります。そして次回までにメンバーの誰かがＣＡＤを使って描いておくというような方法が必要です。うまくできたディティールのつもりが、ＣＡＤで描いて見ると納まっていないということもよくあることですから、次の回に全員でチェックすればよいのです。

要するに、考えなければできない部分は、すべてプロジェクト会議のなかで全員が考えるということが必要なのです。「作業」と言える部分についてのみ、メンバーに振り分けて宿題にする、ということです。

＊　＊　＊

さて、このようにして仕事を進めていきますと、メンバー以外の社員は「彼らは一体なにをやっているのだろう。余計なことをしてくれなければよいが…」という雰囲気で見始めてきますから、定期的に進捗状況を社内に知らせていく必要があります。

また、始めて半年ぐらいのうちに、何らかの発表を行なうことも大切です。

ある程度の内容がまとまり、全社的に新しいしくみに移行する段階では社員全員に丁寧な説明を行なって、周知徹底を図らなければいけません。

この段階においては何よりも経営トップの態度が重要です。「変える」ということに対しては必ず反発が出てきます。プロジェクトメンバーは余計なことをする悪役です。表立った反発がなくても、心から変化を歓迎している人は少ないと考えていたほうがよいのです。

ですから、経営トップによって、このやり方に切り替えていくのだ、という強い意思表示を示す必要があるのです。

あくまでも一般論ですが、経営者よりも社員というのは保守的になりがちです。会社の状況を変えなければいけないと考えていても、本心では変わりたくないのです。

私がお手伝いをしてプロジェクトを進めて行く際にも、初期の段階で、こういう方向に変えていこうと社員を集めて話をしますと、大抵の場合、皆さん大賛成をしてくれます。

しかし、改善が始まり、いざ自分の業務領域に変化を求められてくると、いろいろな「できない理由」が出てきます。会社が変わらなければいけないとは言っても、変わるべきは周りの人たちであって、自分はそのなかに含まれていないのです。

経営トップが必ずしもプロジェクト会議に参加する必要はありませんが、その進捗の状況は常に把握し、必要な指示を与え、その活動を全面的に支えていく必要があります。

プロジェクトメンバーを孤立させてはいけません。ほかの社員からの反発に押され、「いや、ケース・バイ・ケースでいこう」などと経営トップが発言したら、すべては水泡に帰してしまいます。

プロジェクトメンバーに選ばれた社員も、経営者から期待されているということは、名誉なことではありますが、ヒーローになれると考えていたら大間違いです。変化を起こす人間は悪役なのです。

事を成していくためには、悪役を引き受ける覚悟を持った人間が必要なのだということです。勇気を持って変革にチャレンジしてください。

これから家を建てる人へのアドバイス

住宅会社での個別の物件に対する一般的な社内での仕事の流れは次のような形で動いていきます。

①営業
②設計
③積算
④工事

契約に至までの段階で①〜③の担当者が連携して内容をまとめていくことになります。この際に計画の初期の案から最終案に至るまで図面修正と見積りの作業は何度も行なわれることになるわけです。

検討を始めた初期の段階でよく耳にするのが「概算見積り」です。お客様サイドから、予算との関係を知りたい、あるいは相見積りを取っている他社と早く比べてみたいという動機から「概算で結構ですからだいたいの金額を出してください」ということもありますし、営業マンの方から「概算で出してみます」というケースもあります。

しかし、この概算見積というのが、お客様にとっても会社にとってもくせ者なのです。

概算見積用コンピュータソフトなどというものは私の知るかぎりありません。また、実際の建物の見積作業で、「だいたいの数量を拾う」という行為はありません。結局、営業がはじめにお客様に話をした目安である坪単価に面積を掛けるか、ベテランの積算担当者が図面をながめて「う〜ん、○○ぐらいかな」というところになります。

目安の坪単価というのは、あくまでも目安でしかありません。同じ図面でも仕様が変われば価格は大幅に変わりますし、同じ床面積、同じ仕様でも、家の形や内部の空間構成によって坪5万円や10万円は簡単に変動します。

ベテランの勘というのはなかなか鋭い場合が多いのですが、個人差がありますから、あてになるかどうかはわかりません。

概算の金額が提示されるのは契約前ですから、良い印象を持たれるようにと低めの金額が提示されることが多いのです。結果として、最終的な金額を見てお客様がビックリするか、あるいは社内で概算で出した金額になんとか合うようにおっつけるということになり、どちらにしろ双方にとって良いことではありません。

ではどうすればよいかということですが、概算などといわず、計画がだいたいできているのであれば、きちんと見積もってもらえばよいのです。最終的な見積ではないのですから、細かな仕様などは工務店サイドに設定を任せ、きちんと見積書を作ってもらいましょう。

契約するかどうかまだわからないのに申し訳ないと思う必要はありません。住宅会社にとって、仮に仕事をとれなかったとしても、それは通常の業務範囲のことです。

会社によっていろいろですが、３日～１週間程度の時間があれば、見積書は作成できるはずです。どのような仕様の設定で算出したかは説明してくれます。

契約が結ばれると、通常、工事担当者に仕事が引き継がれ、工事が始まります。

細かな仕様の打ち合わせを契約前に設計担当者とするのか、契約後に工事担当者と行なうかは会社によって違いますが、資材の発注や工事の手配は工事担当者つまり現場監督が行ないますから、契約後のいろいろな要望は、工事担当者に伝えるのがベストですし、営業担当者にすでに伝えてあることでも、気になるポイントは工事担当者に直接確認しておくことをお勧めします。場合によっては、そこの連携が下手な会社もあるからです。

家づくりは計画を始めてから完成引き渡しまでいろいろ面倒なことも多いのですが、良きパートナーとなる会社を見つけ、夢の実現の過程を楽しんでください。

おわりに

1981年に私は大手プレハブ住宅メーカーに中途採用で入社しました。その当時、プレハブ住宅メーカー全体の新築着工棟数に占めるシェアが15%ぐらいだったように記憶していますが、新入社員の研修で、近い将来50%になるだろうと教えられたのを覚えています。

あれから随分、時が経ちましたが、プレハブ住宅のシェアは当時とあまり変わりませんし、戸建住宅の産業構造に大きな変化はないようです。

当時も今も、地場工務店が造る住宅が圧倒的に多いのです。

やはり住宅は地元の工務店で建てたいと思う方が多いということです。

つまり、日本の住宅産業を支えているのは中小の地場工務店なのです。地場工務店が元気を失うと、住宅産業そのものが元気をなくしてしまいます。

まじめに家づくりに取り組む工務店を応援したいのですが、いろいろな情報が氾濫するなかで進むべき方向が見えなくなっている会社が多いように感じています。

古今東西、組織の死命を決するのは情報です。しかし、いまは情報革命の真っ只中、ぼやぼやしていると情報過多で何がなんだかわからなくなってしまいます。

情報過多は想像力を奪います。小説を読んで思い浮かべる情景や主人公の顔立ちは読者一人ひとり、少しずつ違います。まんがになると誰が読んでもみな同じ情景、同じ顔です。映像になったら、見る人の想像が入り込む余地はありません。情報のレベルが上がるほど、想像する必要がなくなっていきます。

想像力は創造力の源です。情報過多の時代は情報の取捨選択こそが情報力です。

創造活動に端を発した情報収集であれば取捨選択を誤りませんが、情報に端を発した活動は情報に振り回されます。

日本の経済が幾多の危機を迎えても、立ち直る強さを持っているのは製造業が強いからです。経済の根本は、ものづくりに始まる有形無形の創造活動です。

創造活動が伴わない商売を虚業と言います。売るに値しないものを売ることを詐欺と言います。

家づくりは人類最古の産業のひとつです。誇りと自信を持っていい家づくりをしましょう。

著者

巻末資料

（本文143ページで取り上げた「運用基準　総則」などの事例です）

運用基準　総則　　　　　　　　　　　　　　　　　　　　(例)

○○○○建設株式会社は、戸建住宅を建設販売するにあたり、その設計、仕様、意匠の自由性を最大限に生かしつつ、同時に明確な価格基準と技術基準により、高性能、高品質の住宅を適正価格で供給する。

1. 住宅価格

契約金額は、A．本体工事

B．付帯工事

C．オプション工事

D．設計費用及び敷地、地盤調査費用

からなり、一般に言う住宅価格とはAのみを言う。したがって、坪単価の表示はAを延床面積で除したものを示す。

2. 正価販売

本基準書に示される単価は、当社における正価であり、個々の単価の変更は、全社的価格見直し時以外にない。

3. 積算基準

個々の工事の積算単価、数量は本書に示す基準によって算定される。

4. 諸経費

本体工事、付帯工事、オプション工事の諸経費を 20%とする。

基本仕様

(例)

部　　位	基本仕様
基礎	形態：ベタ基礎又は布基礎と一体となったベタ基礎
	高さ：
	コンクリート巾：
	断熱材：
	防湿
土台	樹種：
	断面サイズ：
	防腐、防蟻：
通し柱・隅柱	樹種：　　　　　含水率：　　　以下
	断面サイズ：
管柱	樹種：　　　　　含水率：　　　以下
	断面サイズ：
横架材(外周部)	樹種：　　　　　含水率：　　　以下
	断面サイズ：
横架材(内部)	樹種：　　　　　含水率：　　　以下
	断面サイズ：
間柱	樹種：
	断面サイズ
束	
構造金物	
床	F☆☆☆☆合板（ア）28㎜
壁	F☆☆☆☆合板（ア）9㎜全面貼り
	外断熱、通気層工法　断熱材：
屋根	外断熱、通気層工法　断熱材：
基本階高	
基本モジュール	
基本天井高	
内部開口高	
外部建具	耐風圧強度：S－２　水密性能：W－４(一部W－３も可)
	気密性能：A－４(一部A－３も可)　断熱性能：H－３
換気	24時間計画換気　　換気回数0.5/h

標準仕様

（例）

部　　位	標準仕様	
屋根材	コロニアル：	
	洋瓦：	
	和瓦：	
外壁仕上げ材	窯業系サイディング：	
	金属系サイディング：	
	モルタル仕上げ：下地	仕上げ
内装（洋室）	天井	壁
内装（和室）	天井	壁
内装（水廻り）	天井	壁
床材	居間：	
	主寝室：	
	洋室：	
	和室：	
	水廻り：	
内装建具	洋室ドア：	
	和室建具：	
	クローゼット：	
造作	洋室：	
	和室：	
床の間		
階段		
玄関収納		
玄関、ポーチタイル		
システムキッチン		
バスユニット		
洗面化粧台		
トイレ		
インターホン		
エアコンスリーブ		
給湯機		

見積り体系

(例)

A　本体工事	工事　中区分
	1．仮設工事 2．基礎工事 3．構造材、端柄材 4．造作下地材 5．造作材 6．大工工事 7．屋根工事 8．防水工事 9．外部建具工事 10．外壁工事 11．板金工事 12．左官工事 13．タイル工事 14．塗装工事 15．内部建具工事 16．内装工事、畳工事 17．住宅設備工事 18．電気、空調工事 19．給排水衛生工事・ 20．雑工事 21．諸経費
B　付帯工事	
	1．敷地造成工事 2．解体工事 3．地盤改良工事 4．基礎追加補強工事 5．屋外給排水工事 6．電気引込工事 7．ガス設備工事 8．各種申請費用 9．諸経費
C　オプション工事	
	1．外構、造園工事 2．居室照明器具 3．カーテン工事 4．冷暖房工事 5．その他追加工事 6．諸経費
D　設計費用及び敷地地盤調査費用	
	1．設計費用 2．敷地、地盤調査費用 3．その他

■三上　克俊（みかみ　かつとし）
住宅関連　企画・コンサルタント。一級建築士。

1953年横浜市生まれ。早稲田大学理工学部建築学科卒業。三機工業㈱入社。現場管理を担当。81年、ミサワホーム㈱入社、商品開発、部品開発業務に従事。92年、同社を退社し、独立。

以降、住宅関連部材の企画、開発。住宅関連事業の企画、推進。地場工務店の事業推進を中心に実務に即したコンサルタントとして活動中。関連会社での社内研修のほか、一般向けにカルチャーセンターでの講演などを行なっている。

現在、埼玉県在住。

Eメール　mikamika2@earth.ocn.ne.jp

なぜこの工務店に
熱烈ファンがつくのか?

2006年10月30日　初版発行

■著　者　三上 克俊
■発行者　檜森 雅美
■発行所　株式会社アーク出版
〒162-0843　東京都新宿区市谷田町2-7　東ビル
TEL.03-5261-4081　FAX.03-5206-1273
ホームページ http://www.ark-gr.co.jp/shuppan/
■印刷・製本所　新灯印刷株式会社

ISBN4-86059-047-3